Die Berliner Mauer

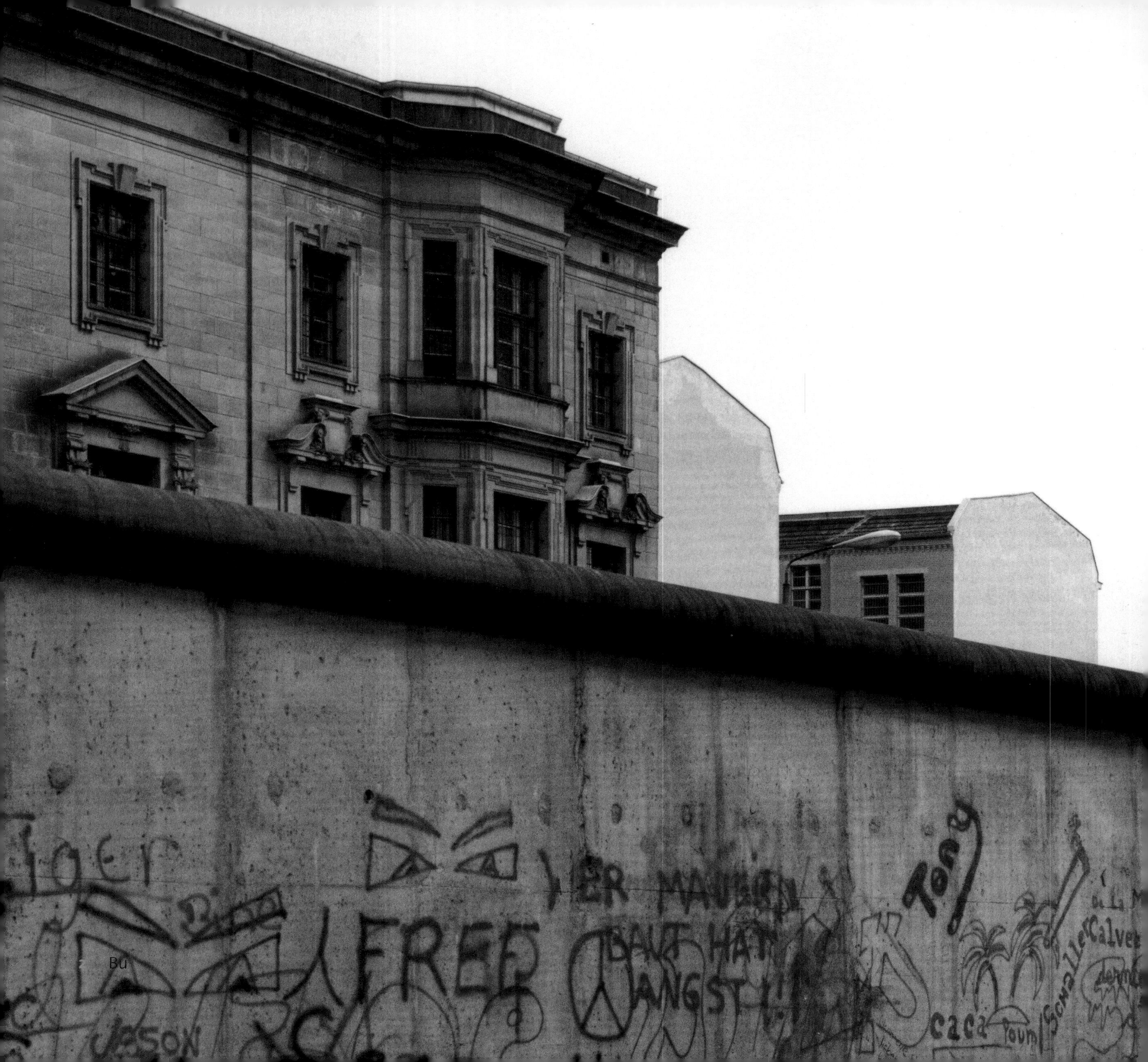
FREE
Tony
caca
Bu

Karl-Ludwig Lange

Die Berliner Mauer

Fotografien 1973 – 2007

SUTTON VERLAG

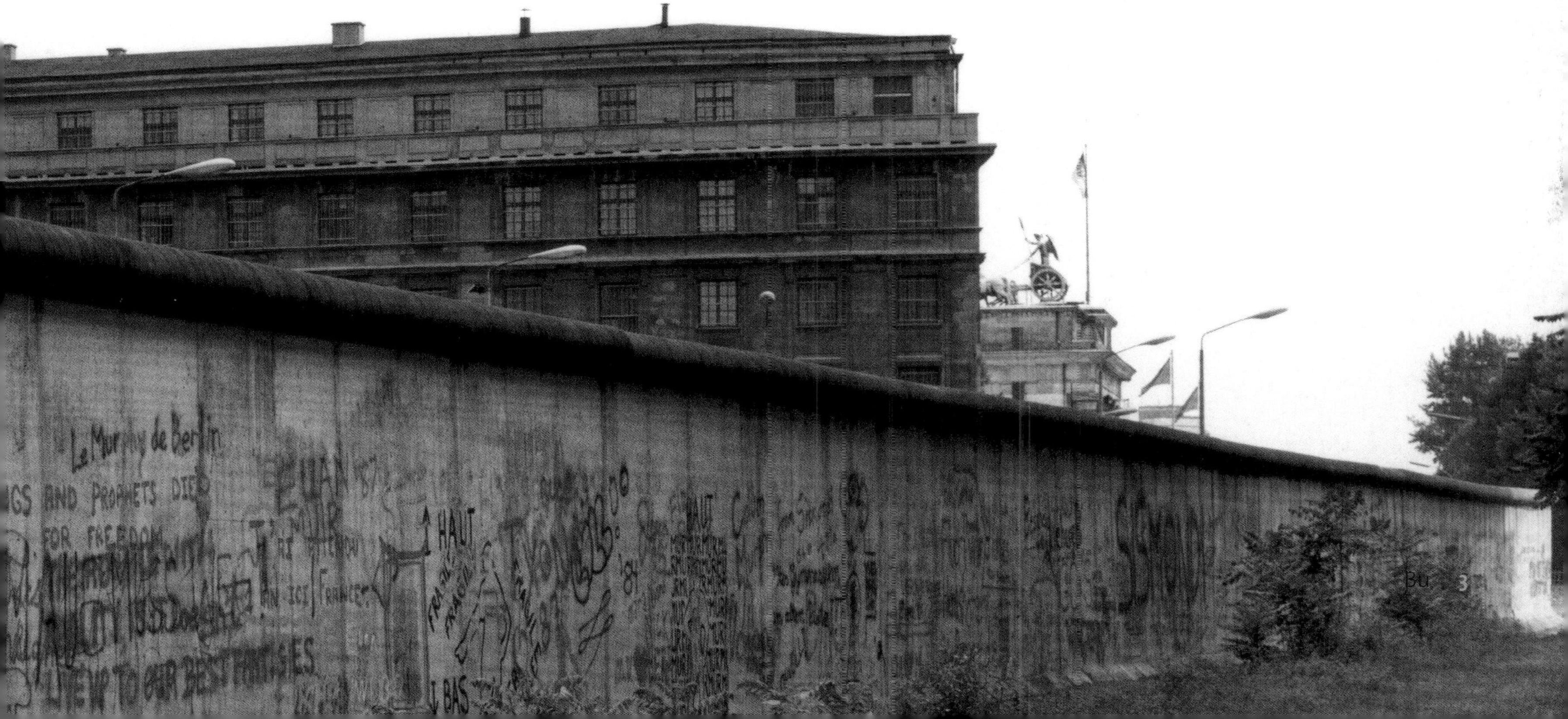

Lizenzausgabe
für den Sutton Verlag, Erfurt

Texte: Dirk Palm

ISBN 978-3-86680-195-0

Bild vorherige Doppelseite:
Tiergarten. Blick auf die Mauer
am Reichstag, Richtung
Brandenburger Tor. 1987.

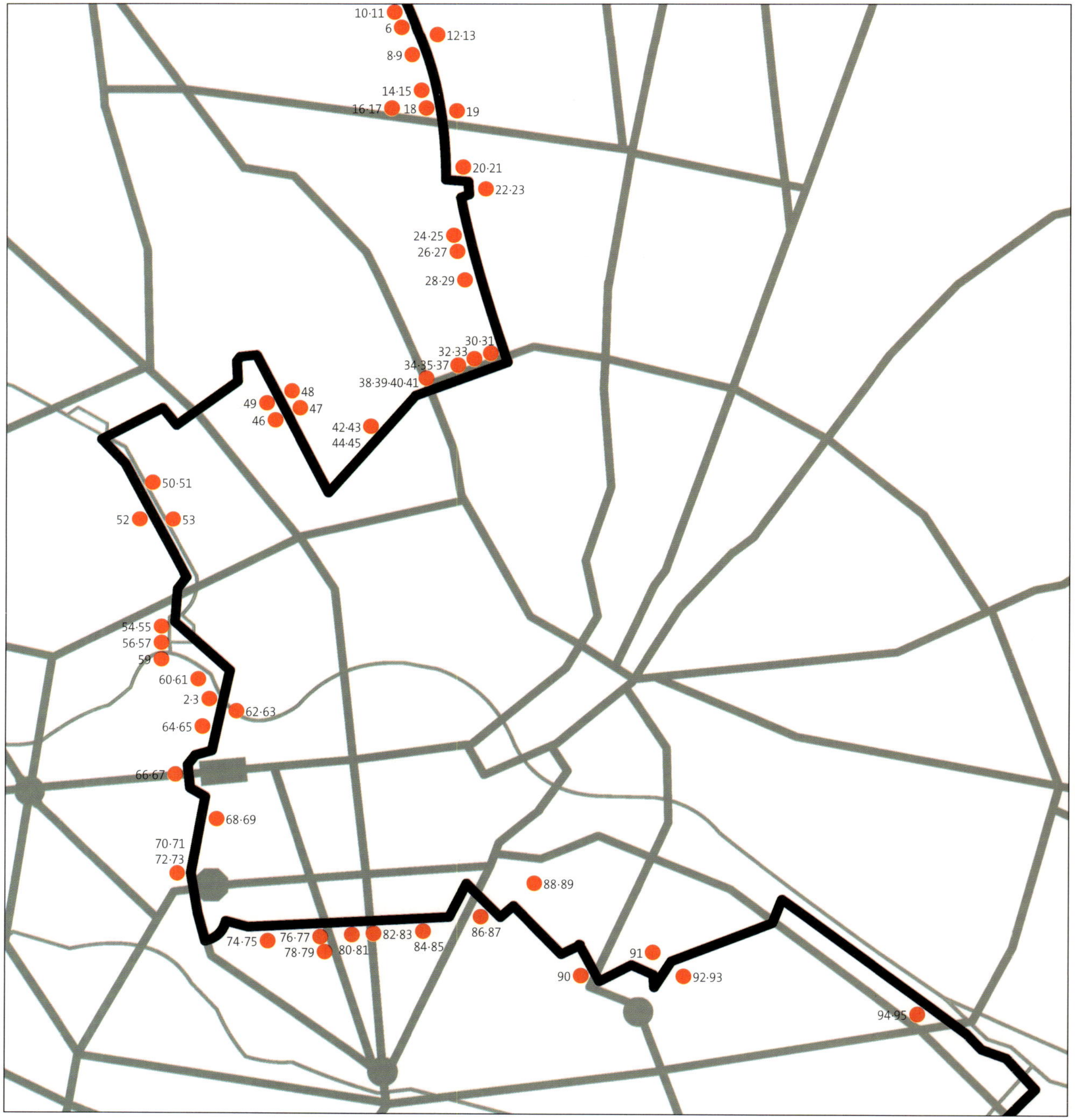

Stadtzentrum Berlins mit
den Aufnahmestandorten
der Fotografien.

Die Berliner Mauer – Rückkehr zur Normalität

Karl-Ludwig Lange, Jahrgang 1949, stammt aus Minden und zog im Alter von 18 Jahren nach Berlin, um dort eine Ausbildung zum Fotografen zu beginnen. Er absolvierte ein Volontariat bei dpa und arbeitete als Assistent von Will McBride. Seit 1973 verfolgt er konsequent seine künstlerischen Ziele und gehört seitdem zu den wichtigsten Vertretern der Stadtfotografie in Deutschland. Stadtfotografie meint nicht ein einzelnes Gebäude, sondern die Stadt an sich. Die Stadt wird als eine besondere Form von Kulturlandschaft dargestellt, als enges Zusammenspiel von Topografie, Architektur und Bewohnern.

Berlin war und ist der Dreh- und Angelpunkt in Langes Werk. Dafür arbeitet er in Serien, oft über Jahre. Lange visualisiert seine Themen mit lakonischer, wohlkalkulierter Distanz. Für ihn ist fotografische Präzision ungemein wichtig, die seine Arbeit mit der der großen Architekturfotografen des 19. und frühen 20. Jahrhunderts verbindet.

Langes Arbeiten verweigern sich modischem Styling und einer gestalterischen Attitüde. Sie sind kleinformatig, scharf, detailreich, schwarzweiß mit einem opulenten Spektrum an Tonwerten, neuerdings auch farbig mit ausgeklügelter Beleuchtung, eben typisch fotografisch in einem traditionellen, aber noch lange nicht überholten Sinn. Weil sich der Fotograf sehr intensiv mit seinen Motiven auseinandersetzt, können seine Serien nicht in Wochen oder Monaten fertig sein, sondern erst nach Jahren oder Jahrzehnten intensiven Forschens, Schauens, Fotografierens und Auswählens. Man kann versuchen, Langes scheinbar sachliche und objektive Darstellungen als Illustrationen zu architektonischen und topografischen Themen zu vereinnahmen. Doch bieten seine Arbeiten immer viel mehr, nämlich den sichtbaren Ausdruck seines Konzeptes fotografischer Durchdringung von Urbanität. Auch wenn es die Mauer nur in Berlin gab, geht es Lange nur oberflächlich um Berlin; im Zentrum steht für den Fotografen die Frage, was eine Stadt ausmacht, wie sie lebt, wie sie stirbt, wie sie an anderer Stelle weiterlebt. Am Motiv »Berliner Mauer« spitzt Lange diese Frage zu. In seinen Fotos findet man eine von vielen möglichen Antworten.

Lange lässt keinen Zweifel daran, dass seine Erkundungen subjektiv motiviert und weder auf Objektivität noch auf Vollständigkeit angelegt sind. Er meidet starre typologische Reihen und braucht nicht deren Beschränkungen hinsichtlich Standpunkt, Beleuchtung und Gleichartigkeit der

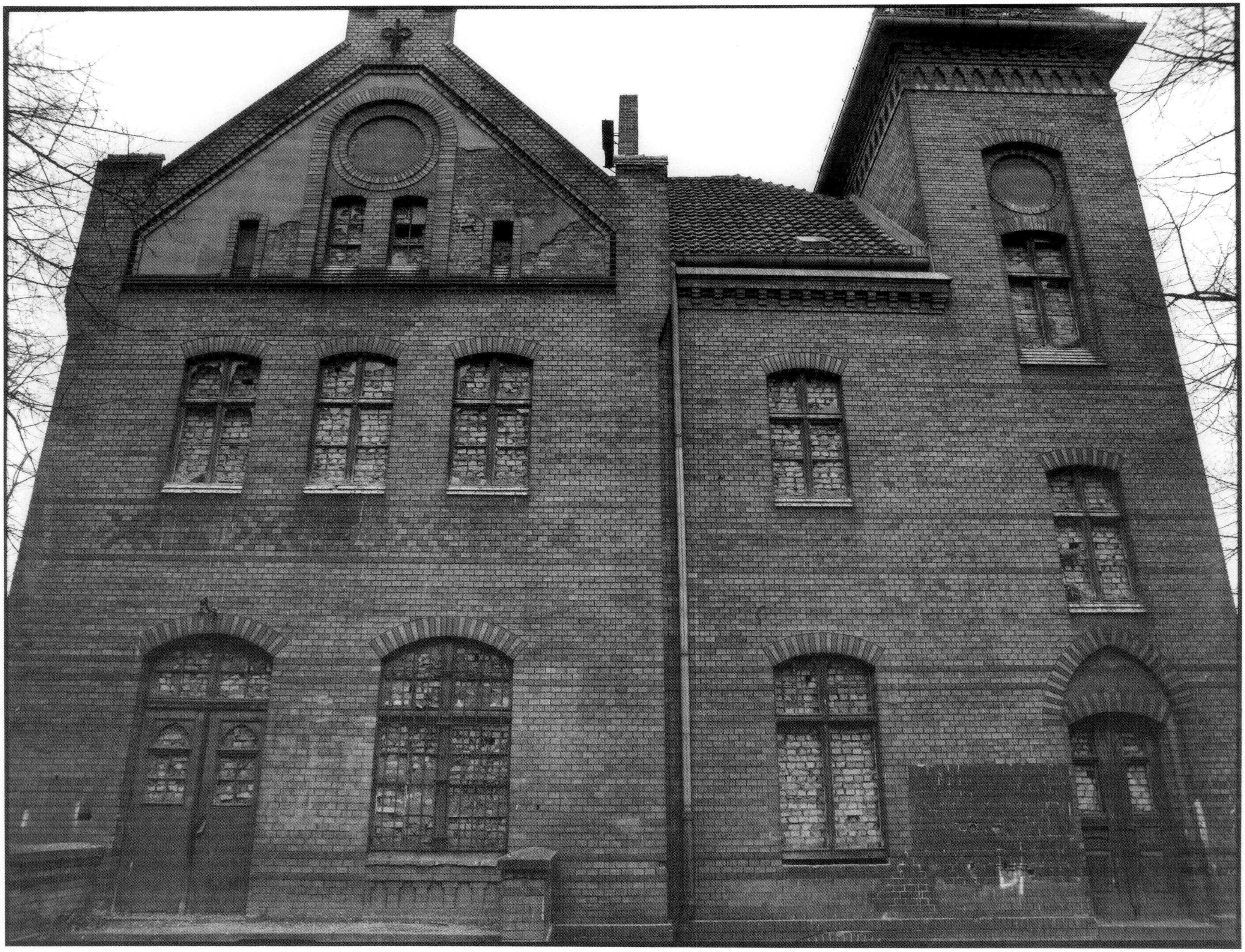

6 Wedding. Nordbahnstraße, S-Bahnhof Wollankstraße. 1979.

Motive. Der Fotograf suchte also in jüngster Zeit schon früher fotografierte Standorte erneut auf und machte neue Bilder. Jetzt in Farbe, aber eben nicht exakt vom gleichen Standpunkt wie damals. Doch Lange gibt Anhaltspunkte zur Orientierung: eine von der Renovierungswelle verschonte Brandmauer, der markante Ost-Berliner Fernsehturm, ein Straßenschild. Die Schwarzweißbilder vor 1989 sind alle von West-Berlin aus fotografiert, bei den farbigen bestand diese zwangsläufige Beschränkung nicht mehr.

Der Betrachter ist gefordert, die beiden Aufnahmen zusammenzubringen; die Bildpaare bieten kein visuelles Fastfood, sondern laden zum längeren Verweilen ein. Langes Interesse hat sich von den Leerstellen und Sperren im Stadtgetriebe auf deren Füllung und Überwindung verlagert. Passanten dynamisieren die Szenerien, die Ödflächen sind grün oder beseitigt, der Grauschleier ist getilgt, das Leben hat wieder Besitz von dem Areal östlich und westlich der Demarkationslinie genommen. Die Situation hat sich entspannt und normalisiert.

Vielleicht wird es noch einige Jahre oder Jahrzehnte dauern, bis aus dem ehemals geteilten Berlin wieder eine »normale« Großstadt geworden ist – Berlins Stadtfotograf Karl-Ludwig Lange wird auch dazu seine Bilder liefern. Nostalgie ist nicht Langes Thema, sein künstlerisches Konzept rechnet zwar das Vergehen der Zeit mit ein, aber dies ohne konkrete Anklage, Larmoyanz und Wehmut.

Thomas Wiegand

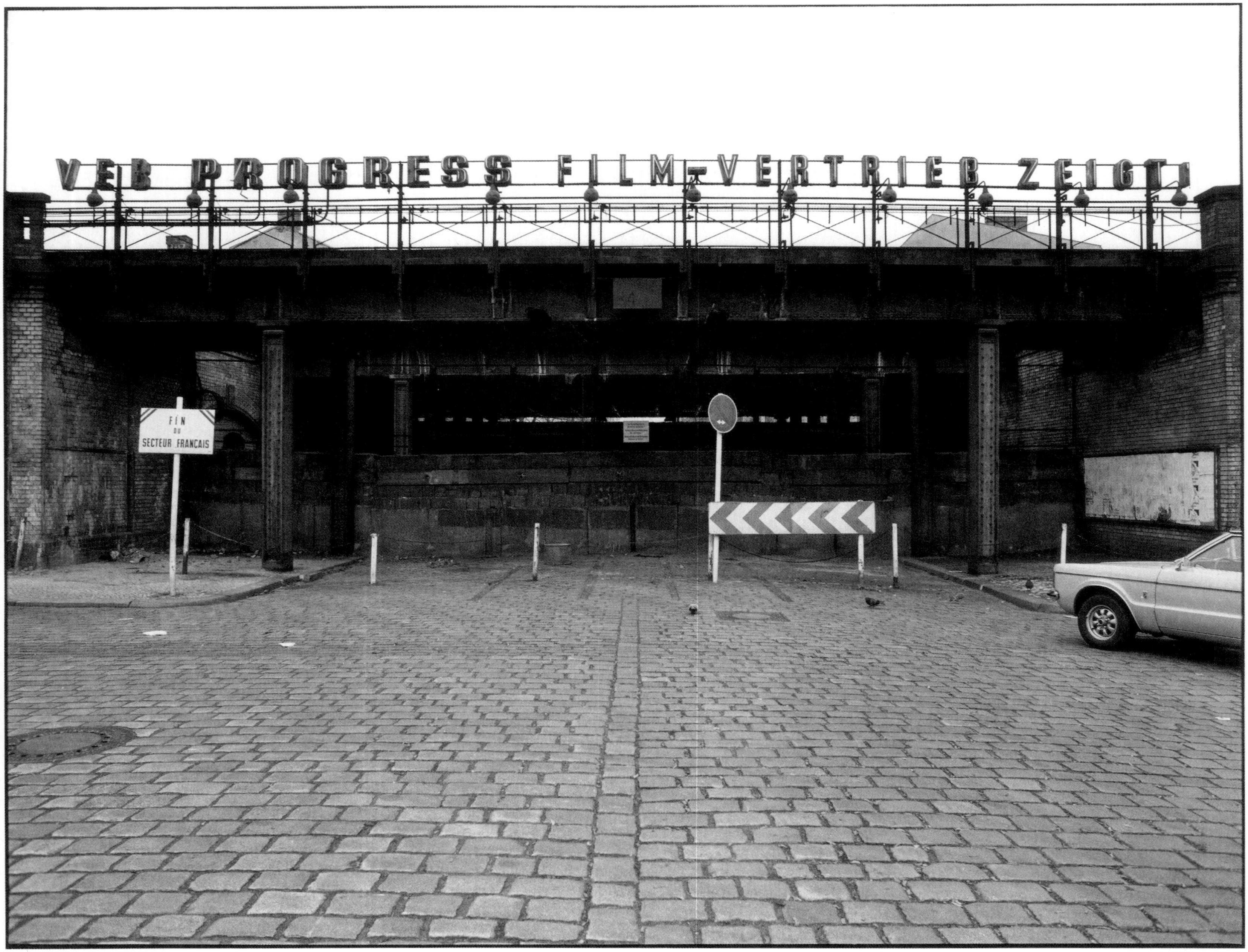

 Wedding. Wollankstraße, S-Bahnhof Wollankstraße. 1976 und 2007.

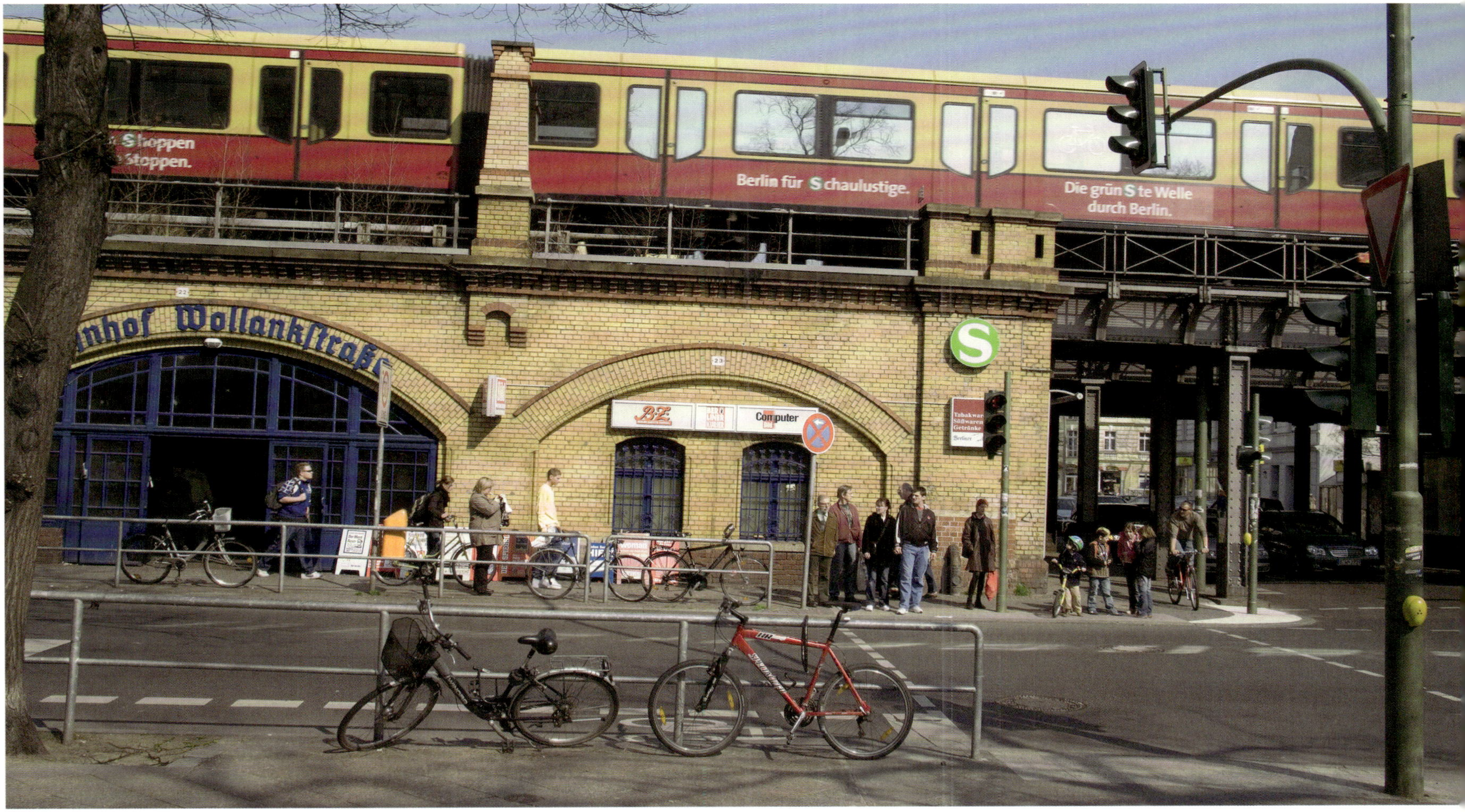
Berlin für Schaulustige.
Die grünSte Welle
durch Berlin.
Computer
S

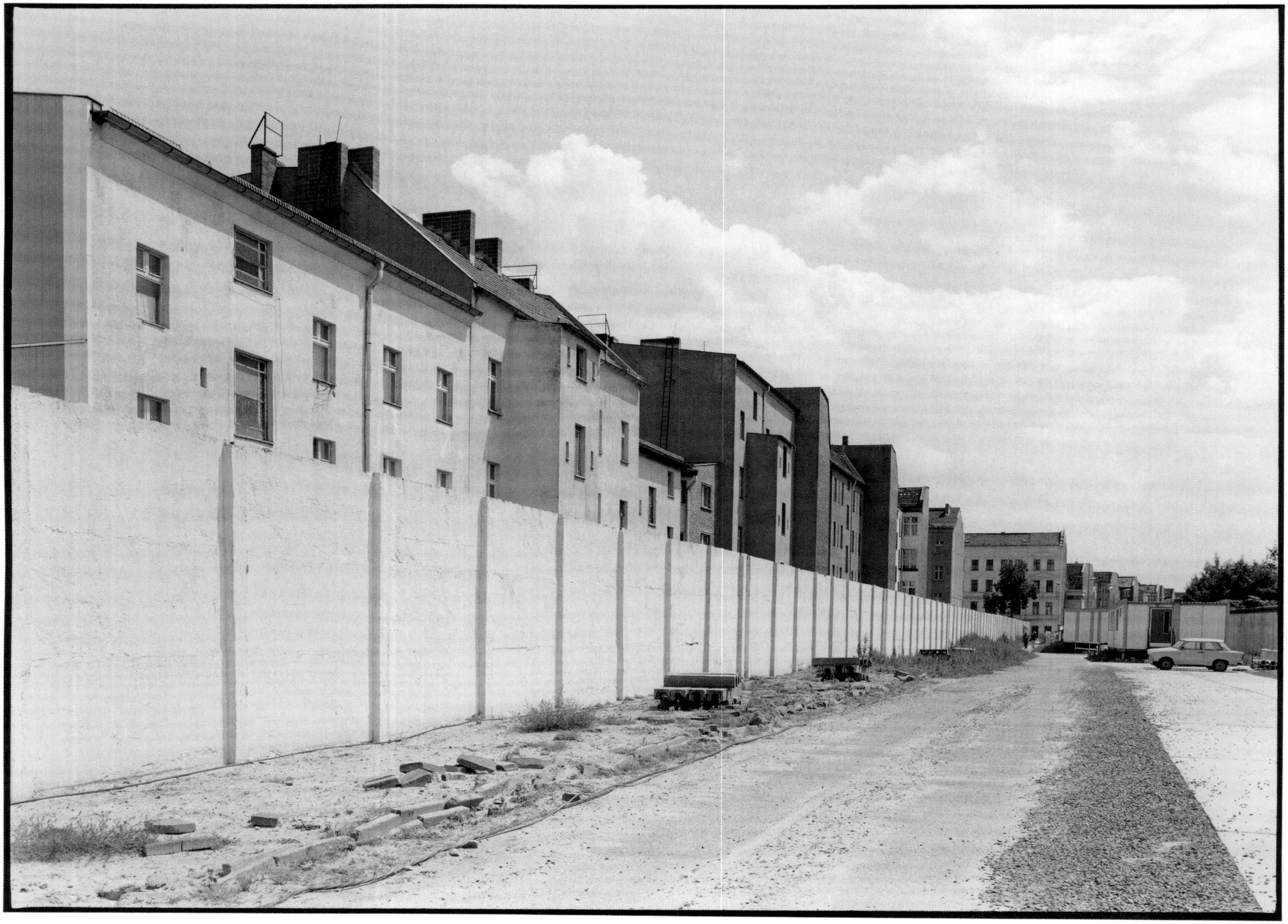

10 Pankow. Rückseite der Schulzestraße. 1990 und 2007.

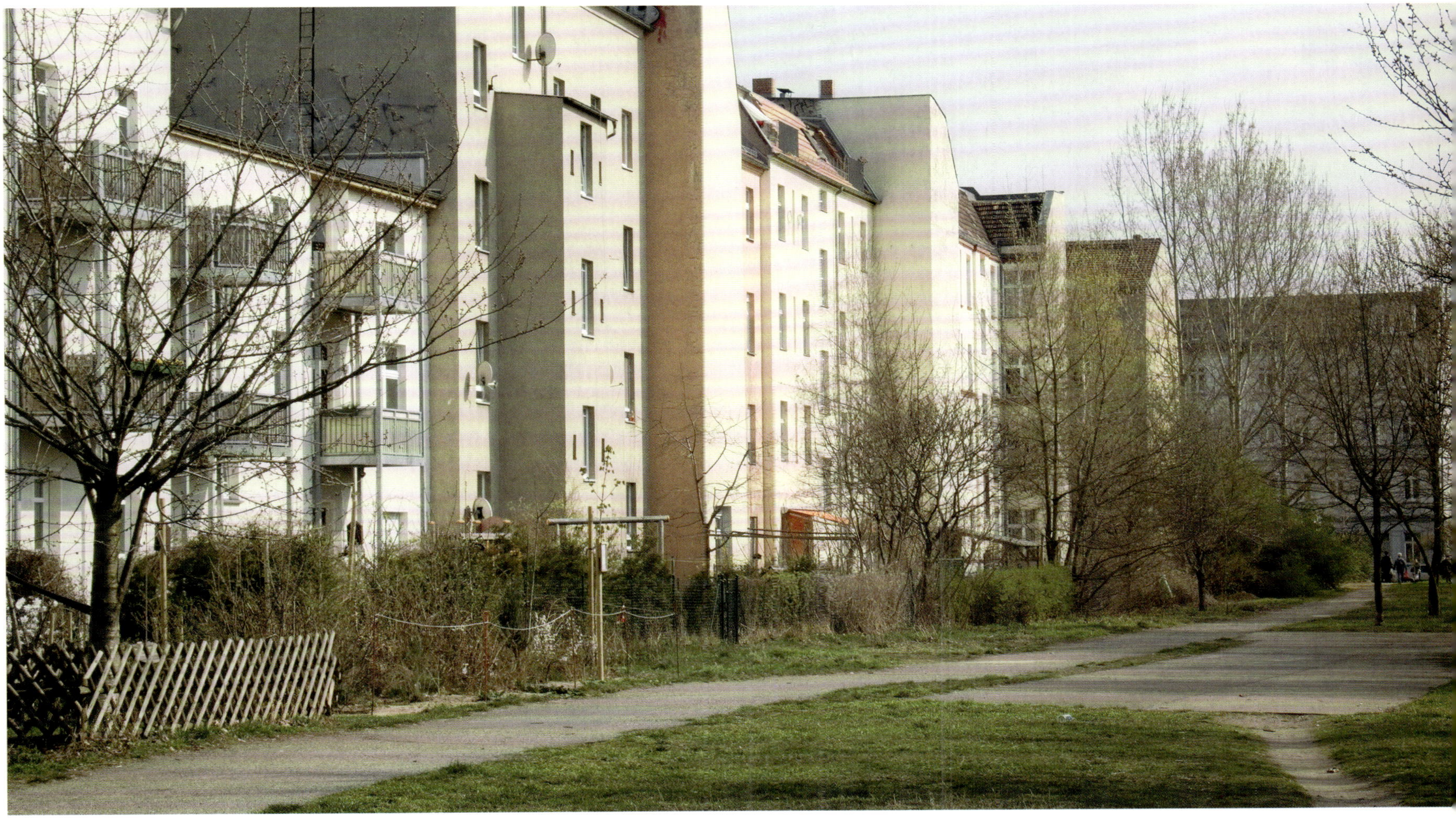

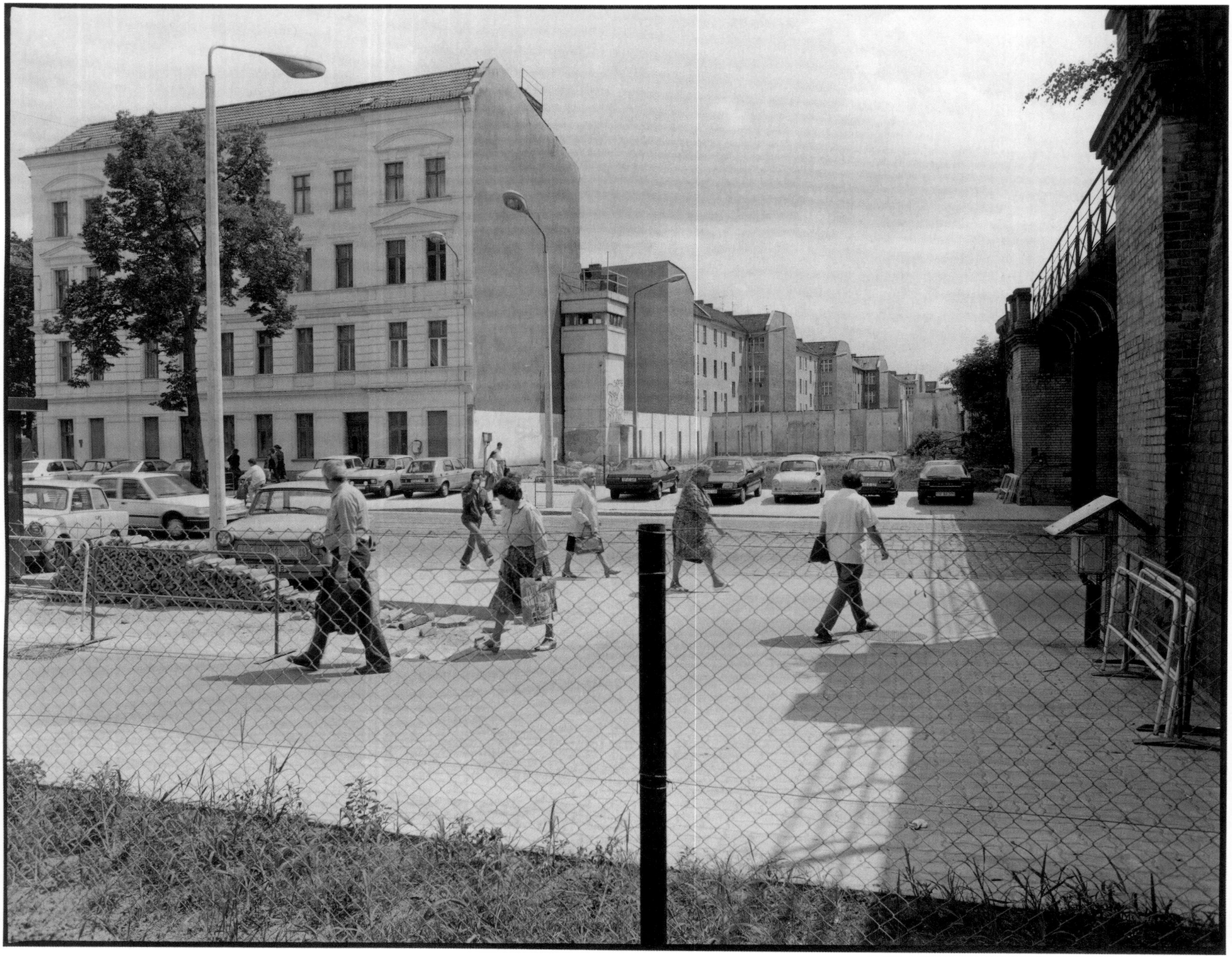

 Pankow. Wollankstraße. 1990 und 2007.

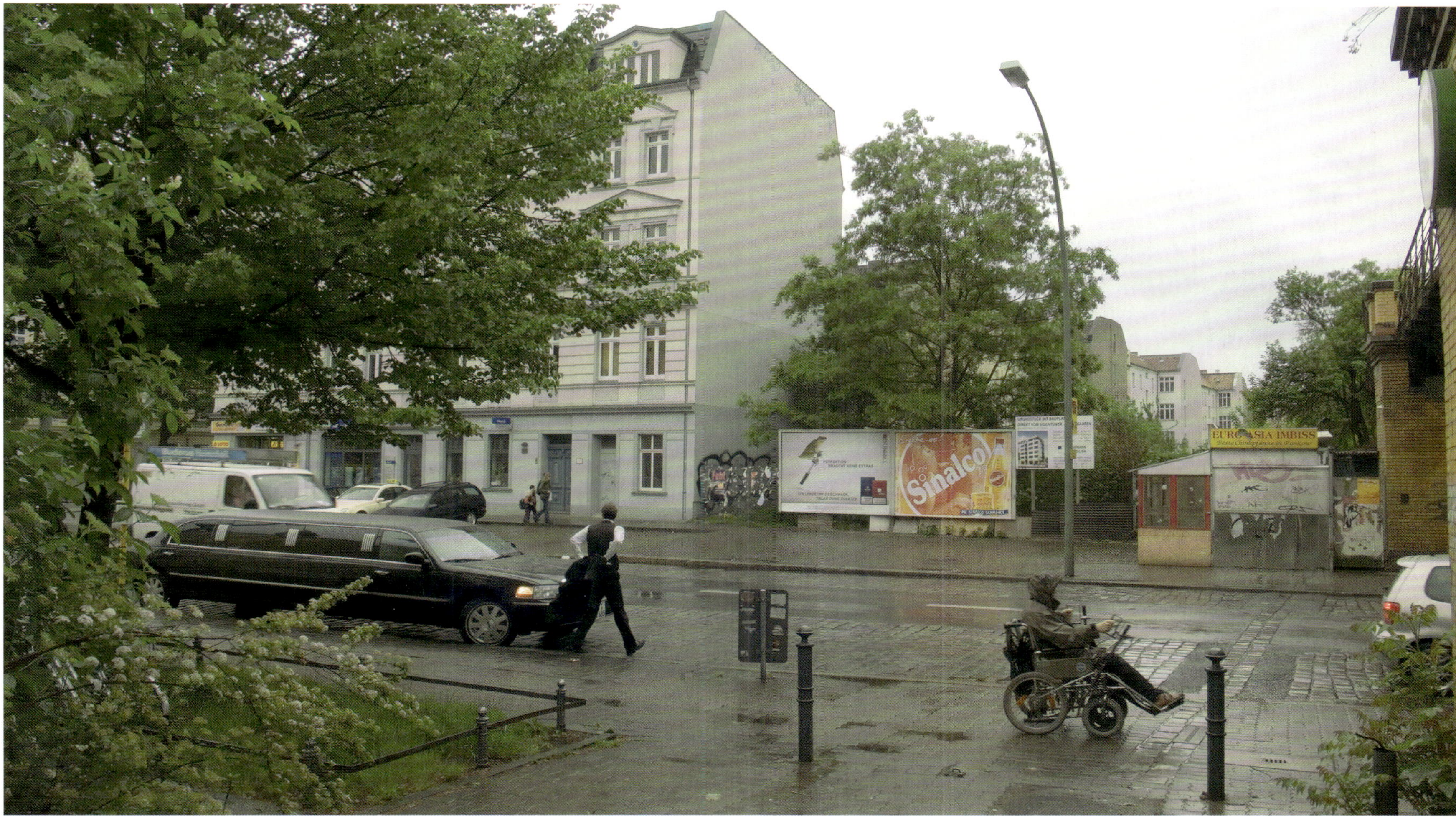
Sinalco

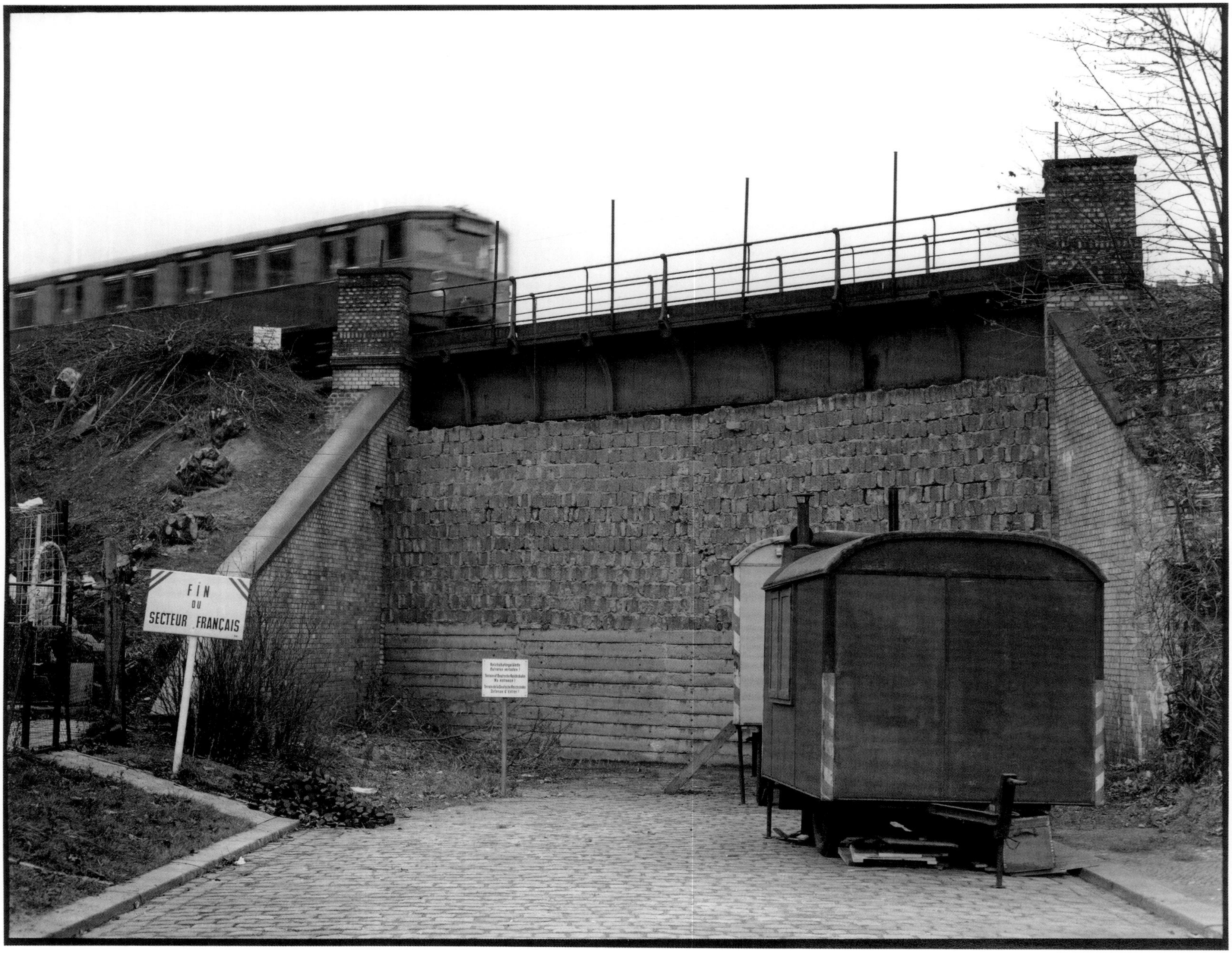

 Wedding. Grüntaler Straße. 1976 und 2007.

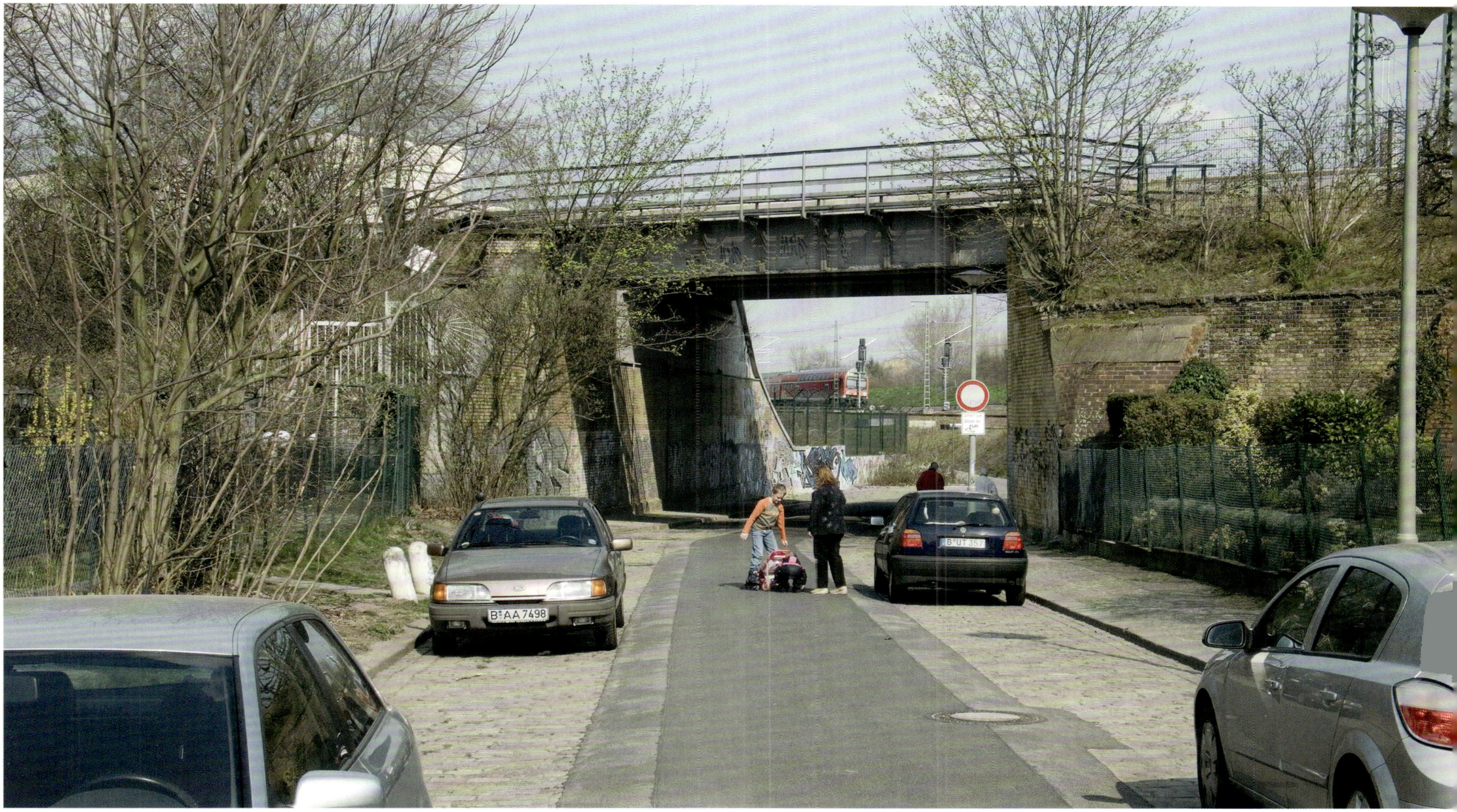

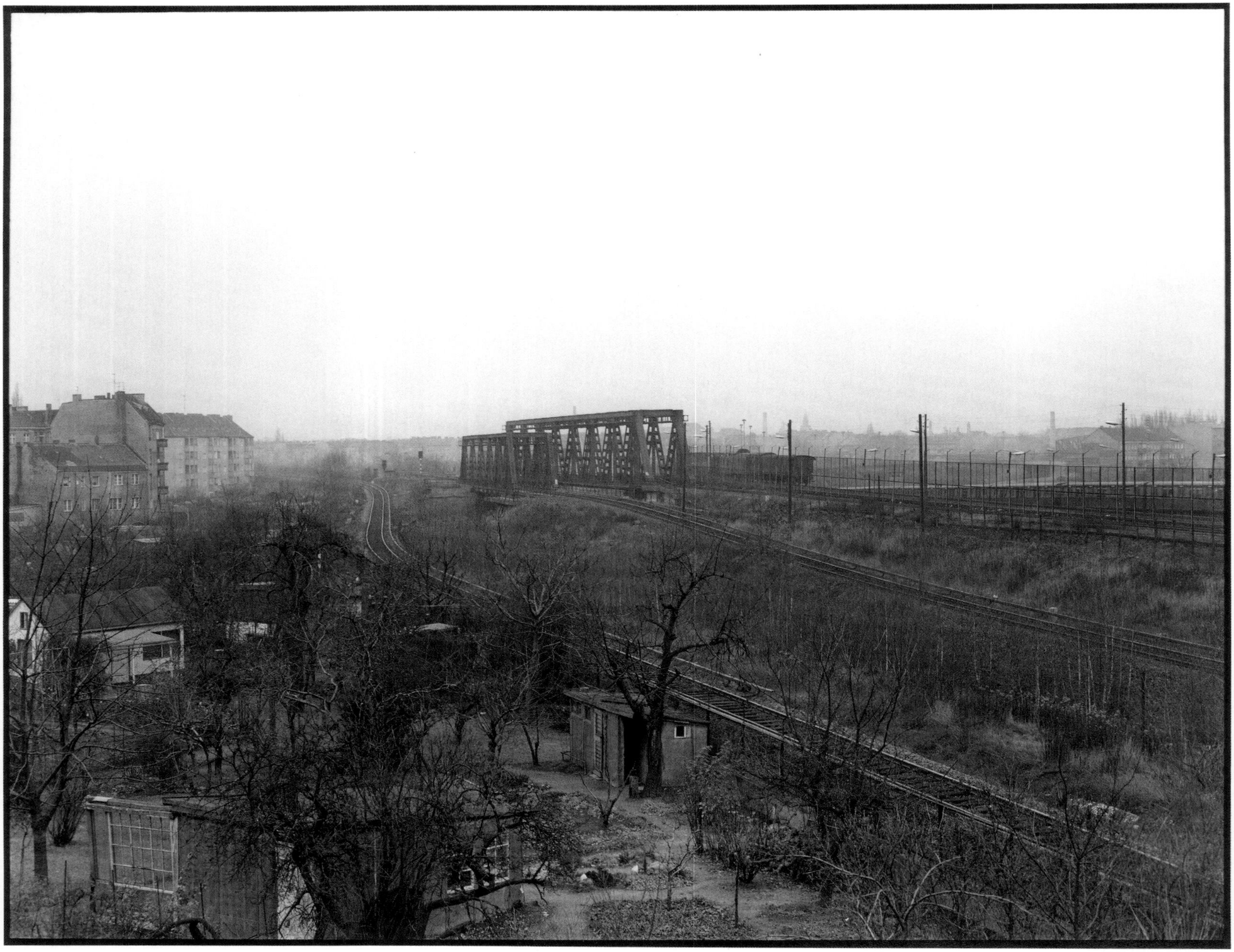

16 Wedding. S-Bahnhof Bornholmer Straße, 3lick in Richtung Pankow. 1976 und 2007.

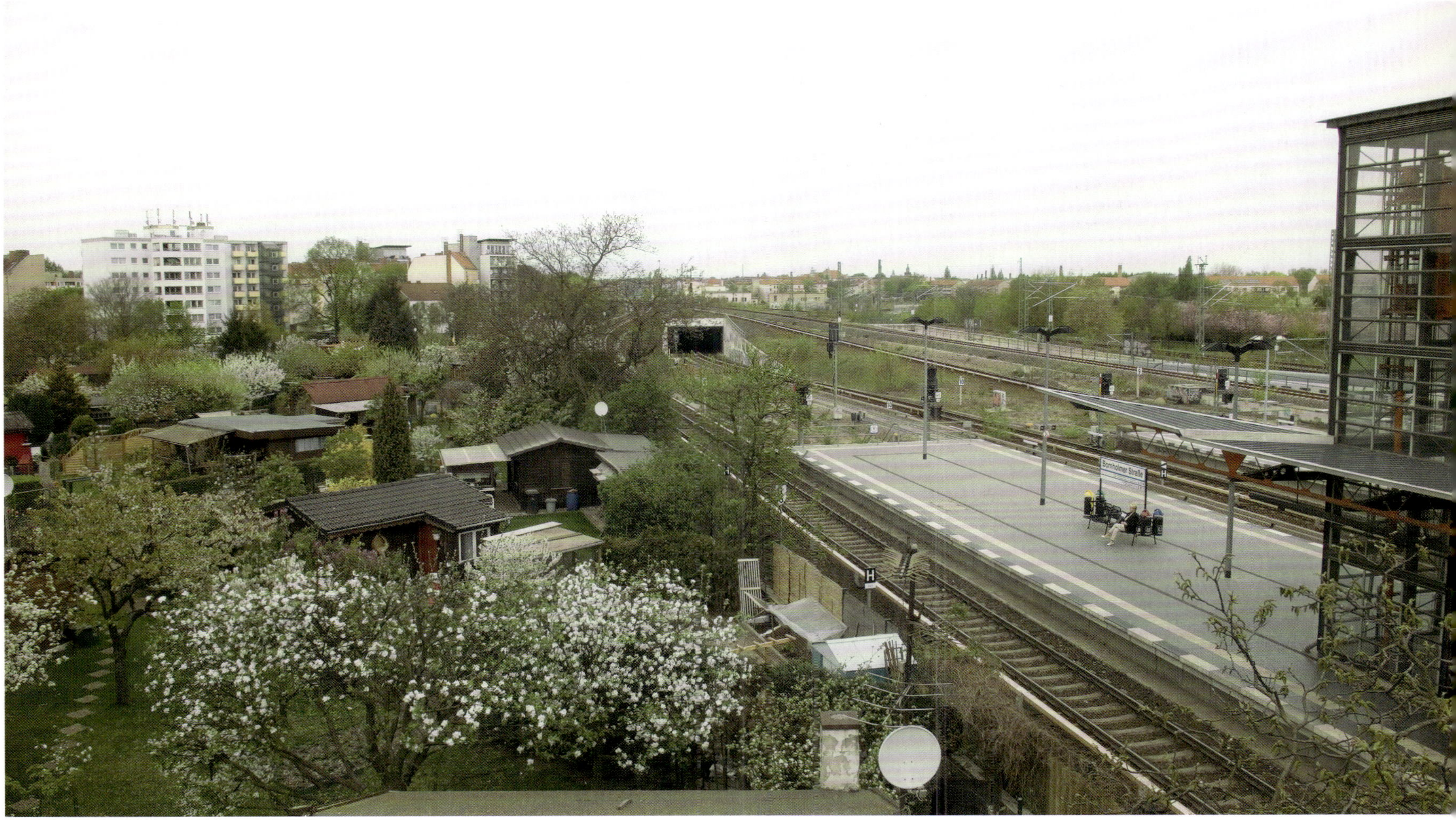

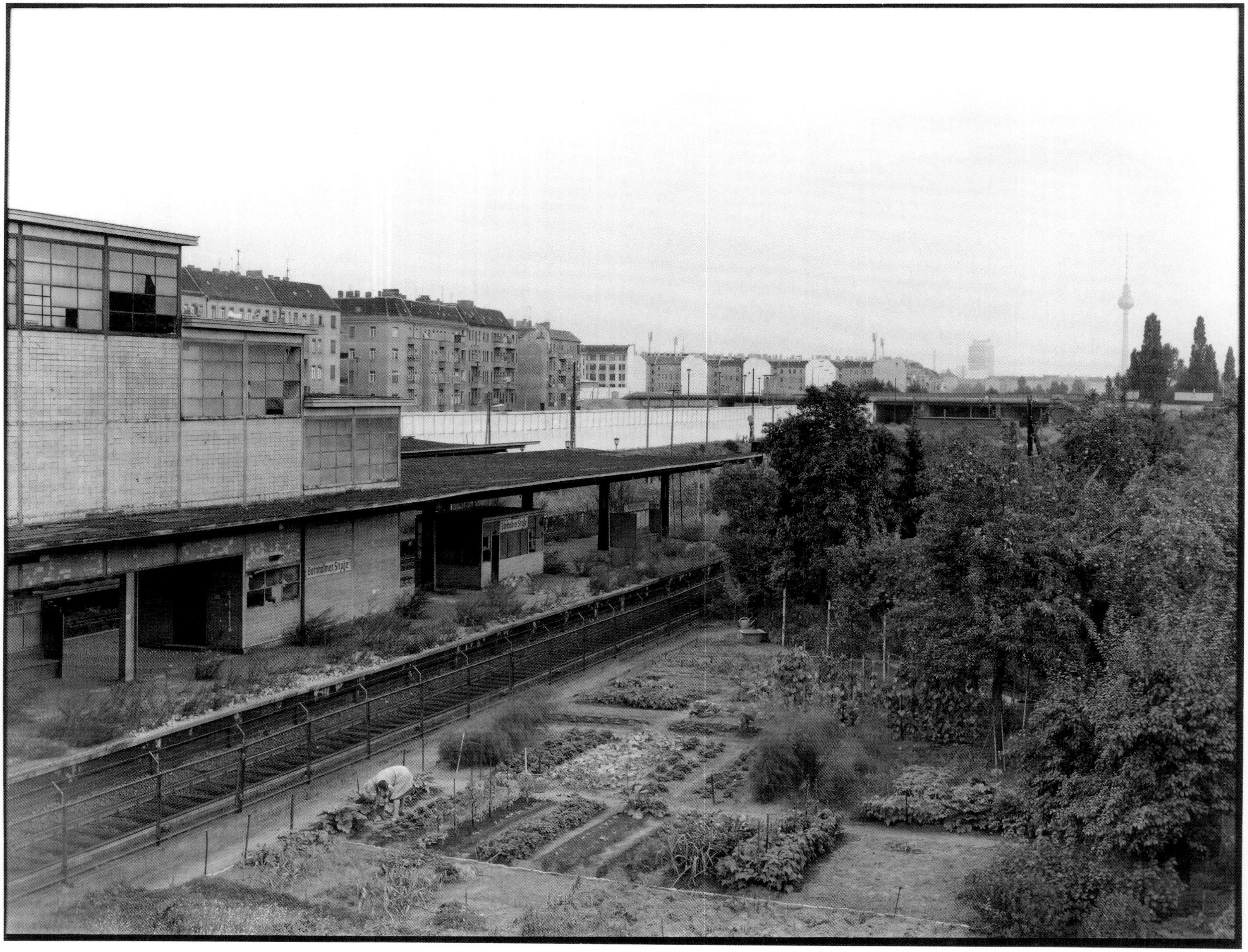

 Wedding. S-Bahnhof Bornholmer Straße, Bösebrücke, Blick nach Süden auf den Fernsehturm. 1979.

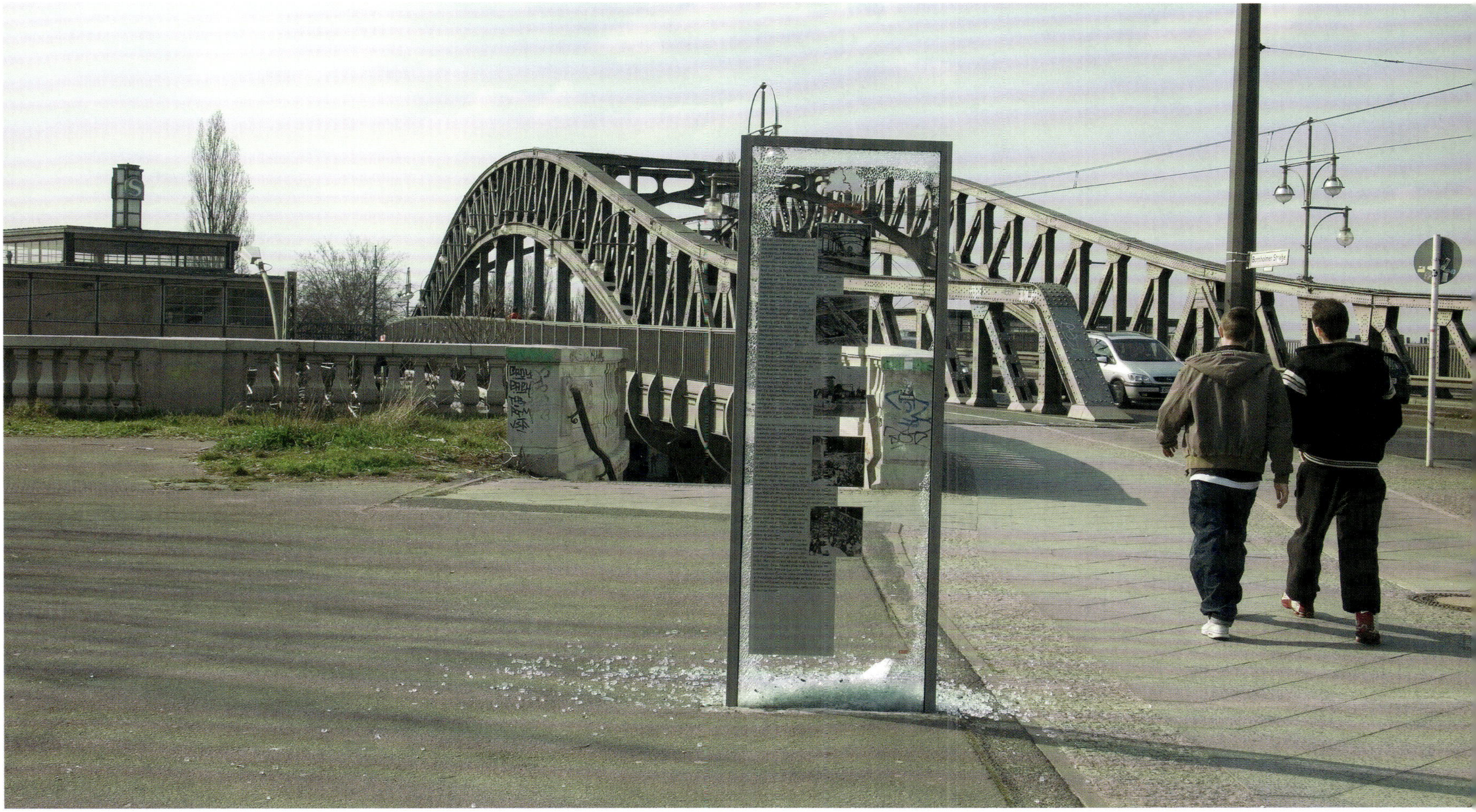

Prenzlauer Berg. Bornholmer Straße, Bösebrücke, Blick nach Westen. 2007.

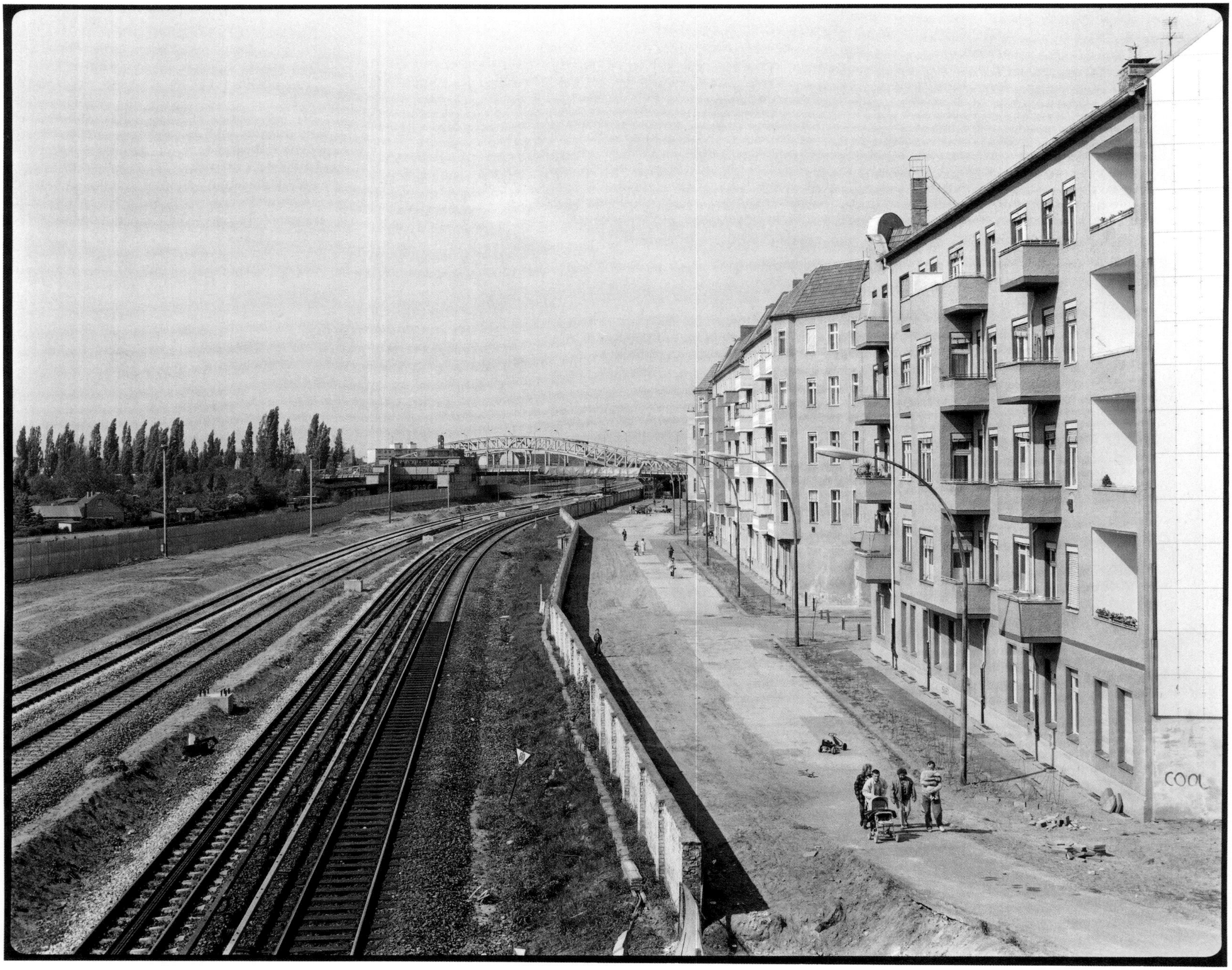

 Prenzlauer Berg. Blick von der Behmstraßenbrücke auf die Norweger Straße, im Hintergrund Bösebrücke und Bornholmer Straße. 1990 und 2007.

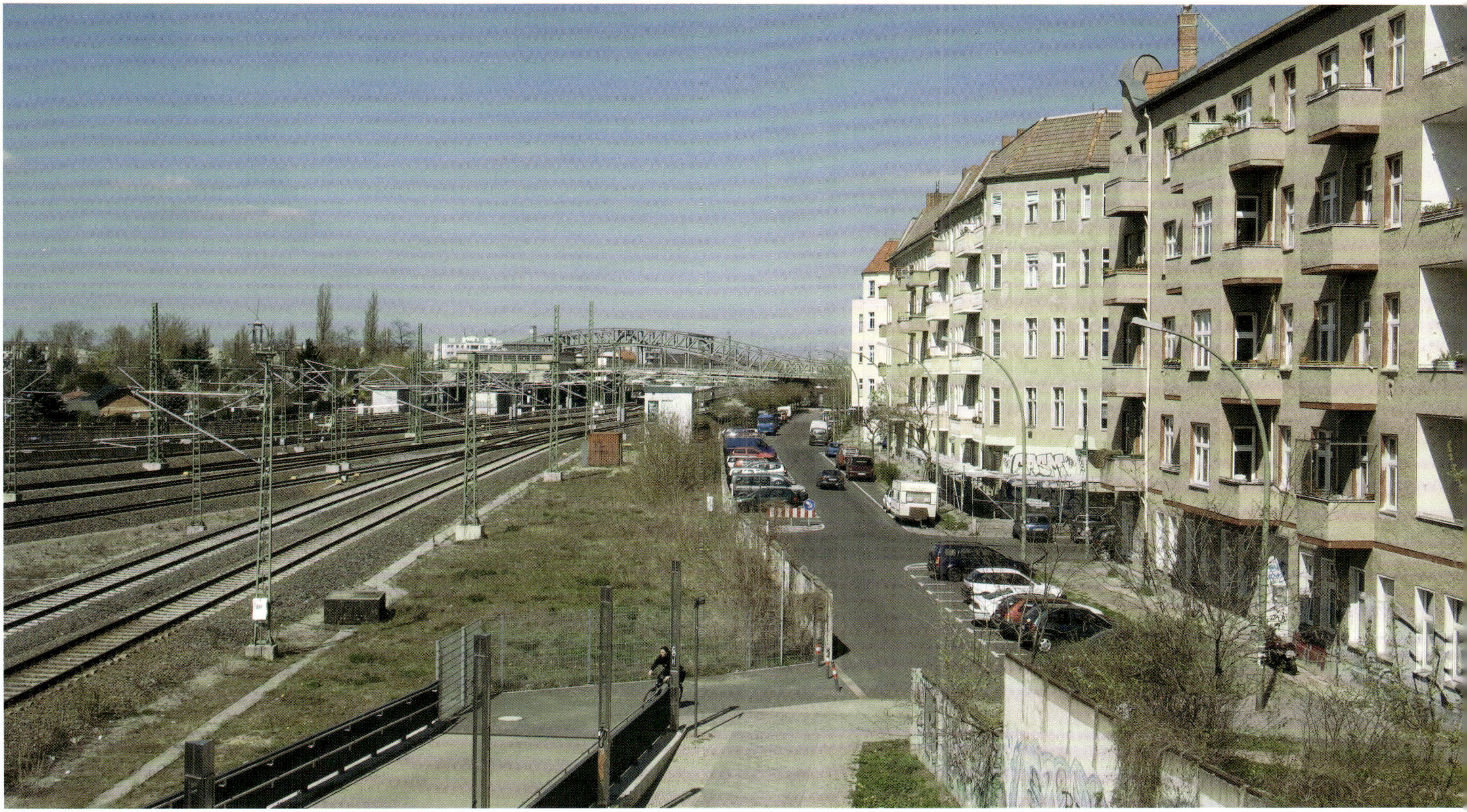

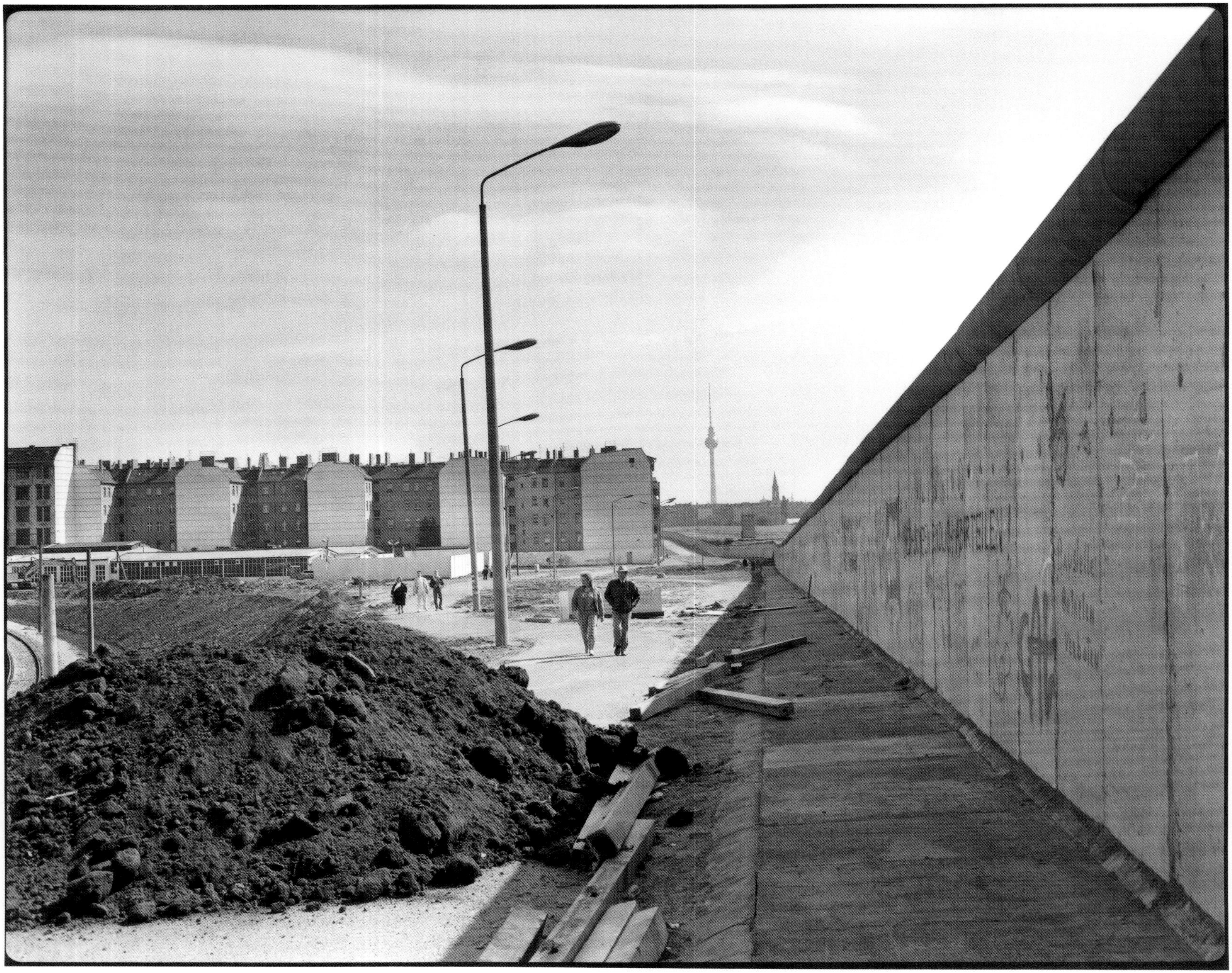

 Prenzlauer Berg. Blick nach Süden von der Behmstraßenbrücke auf die Schwedter Straße. 1990 und 2007.

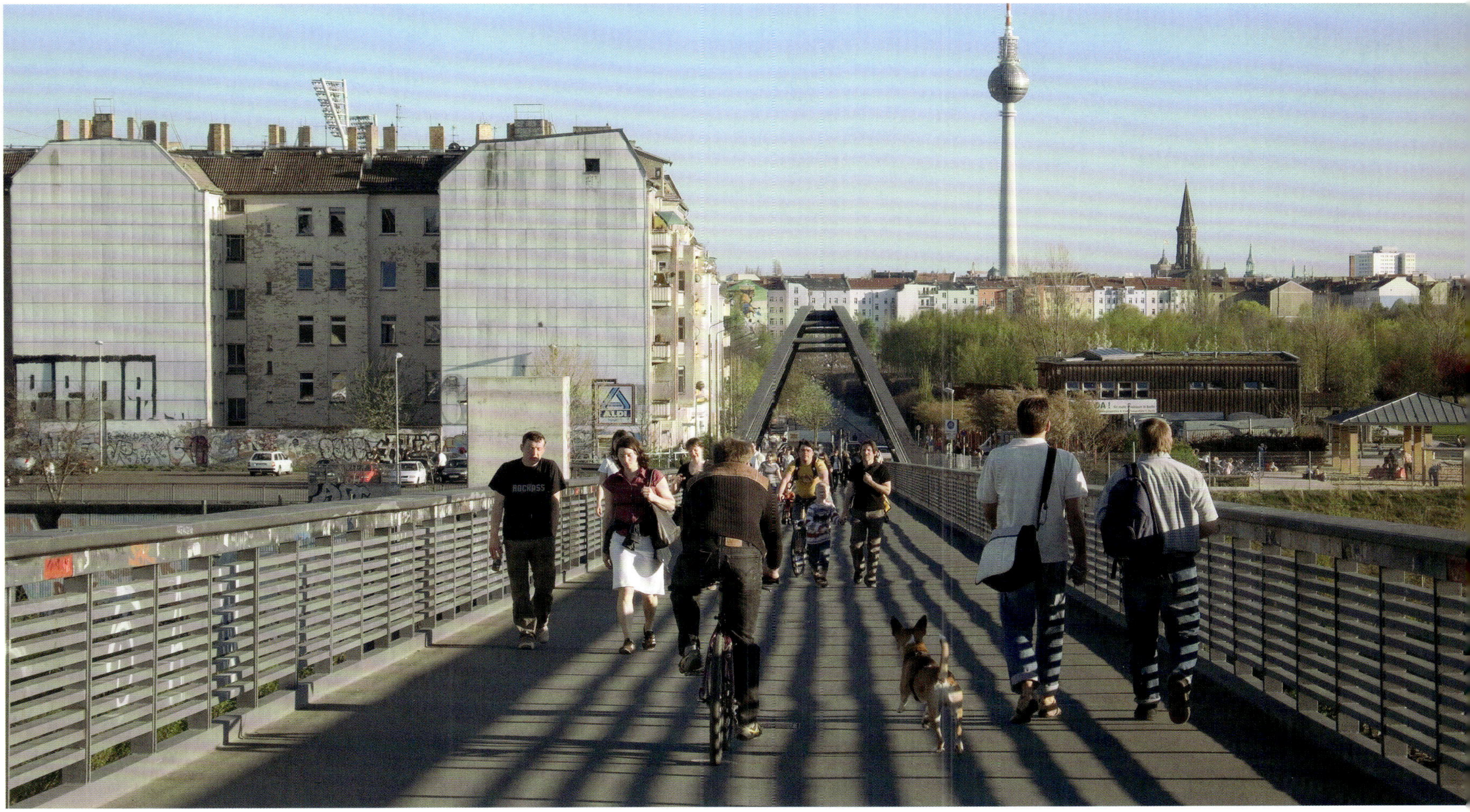
ALDI

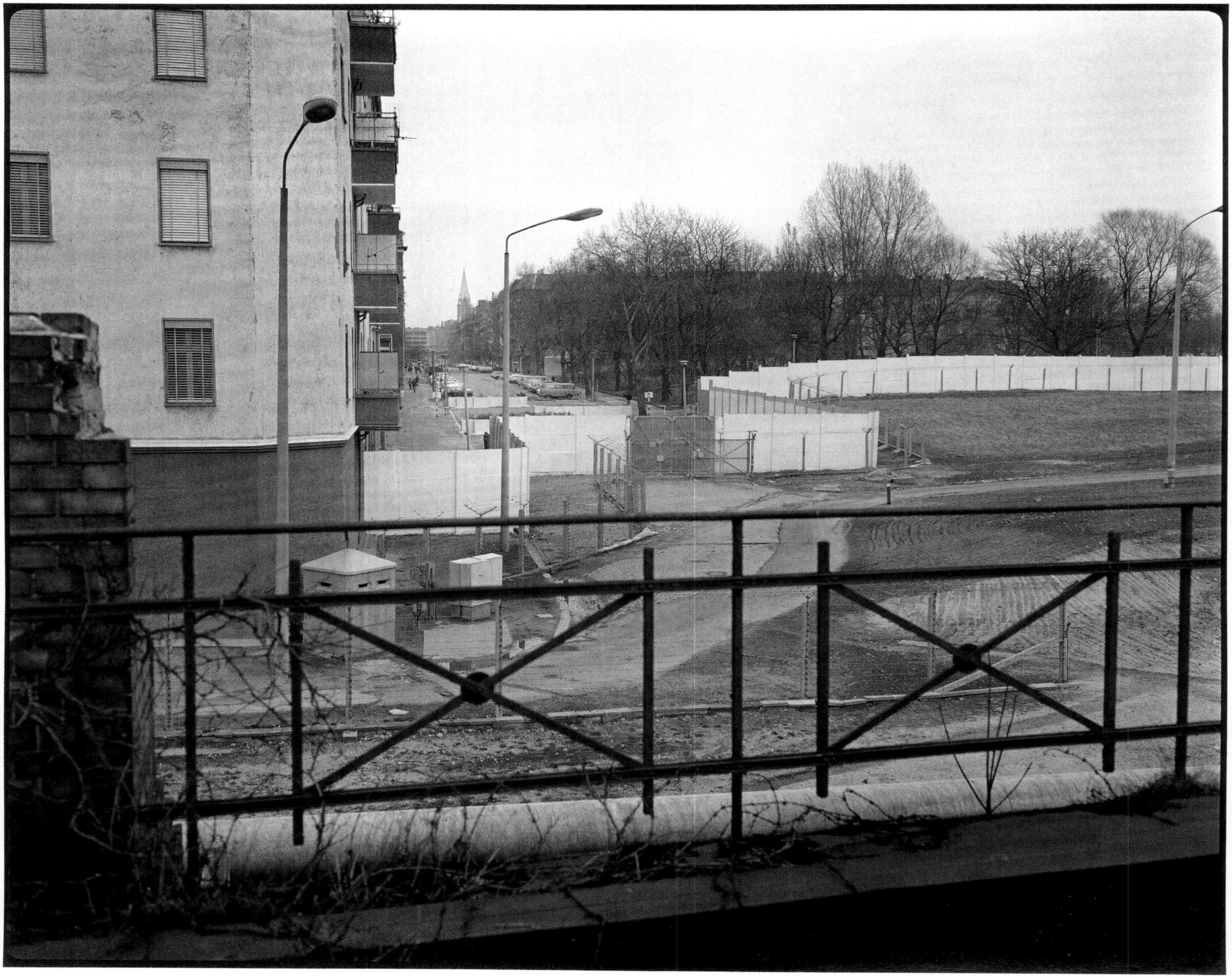

 Prenzlauer Berg. Blick vom Güterbahnhof der Nordbahn auf die Gleimstraße, Ecke Schwedter Straße, im Hintergrund die Gethsemanekirche. 1988 und 2007.

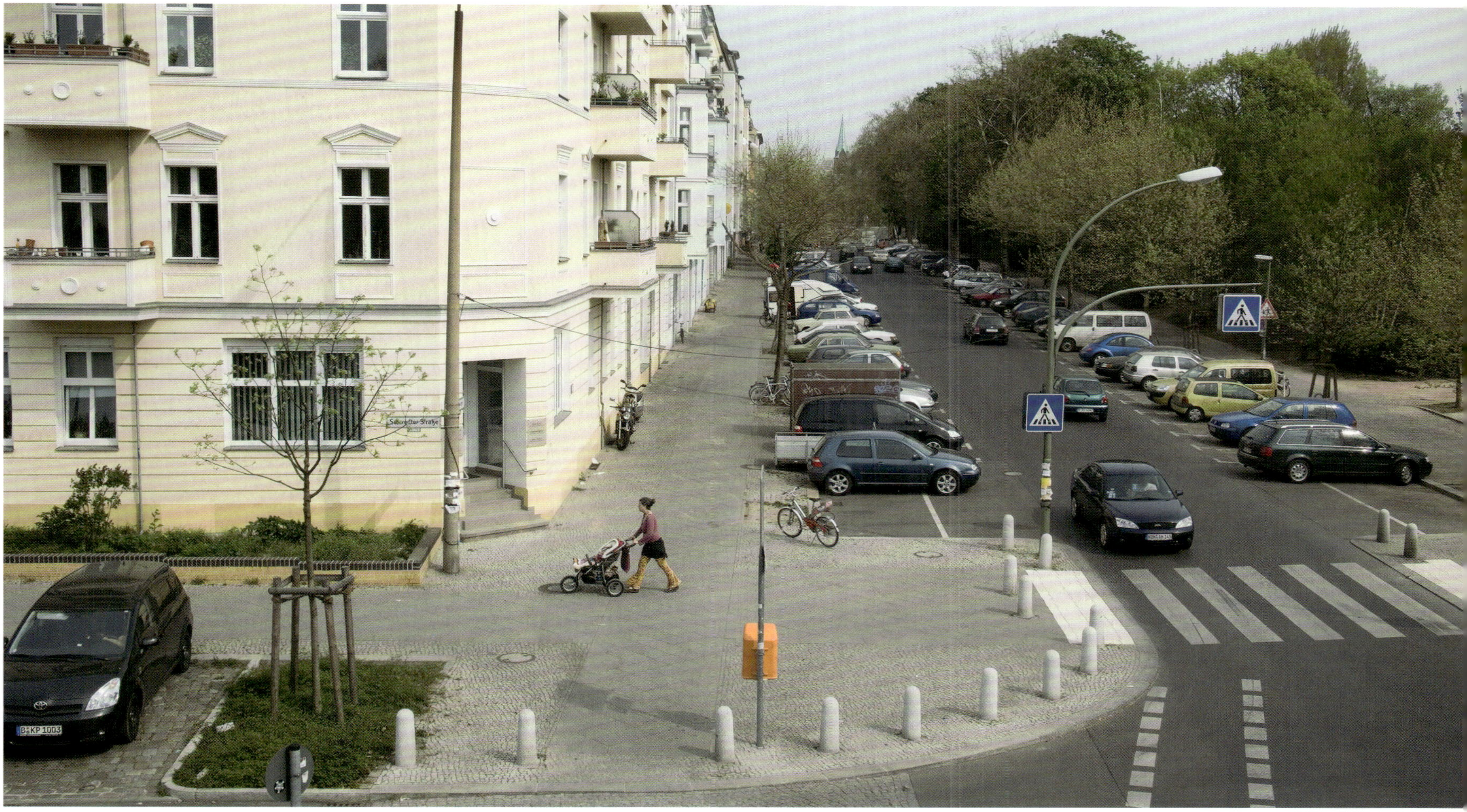
B KP 1003

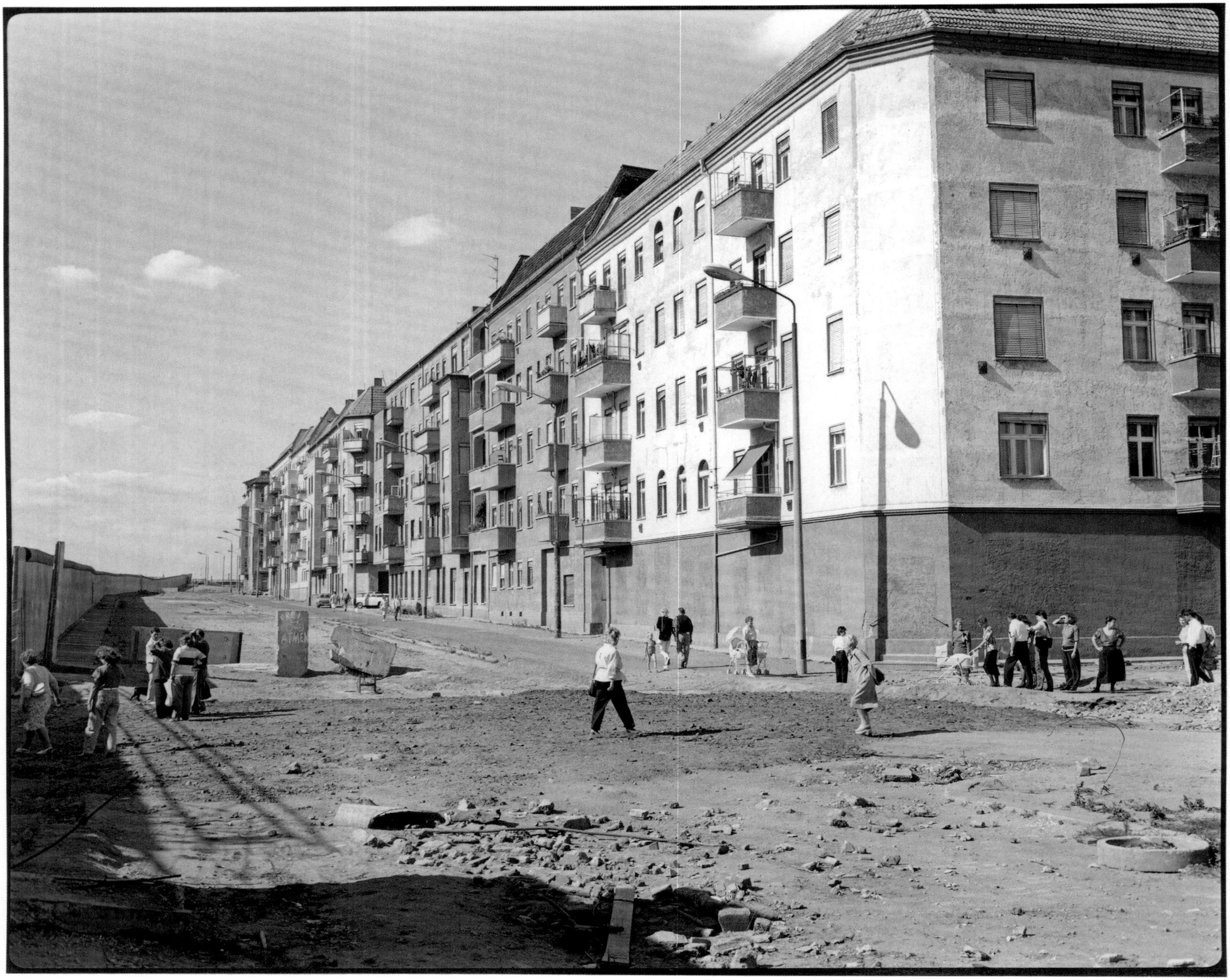

 Wedding/Prenzlauer Berg. Schwedter Straße, Ecke Gleimstraße, Blick nach Norden. 1990 und 2007.

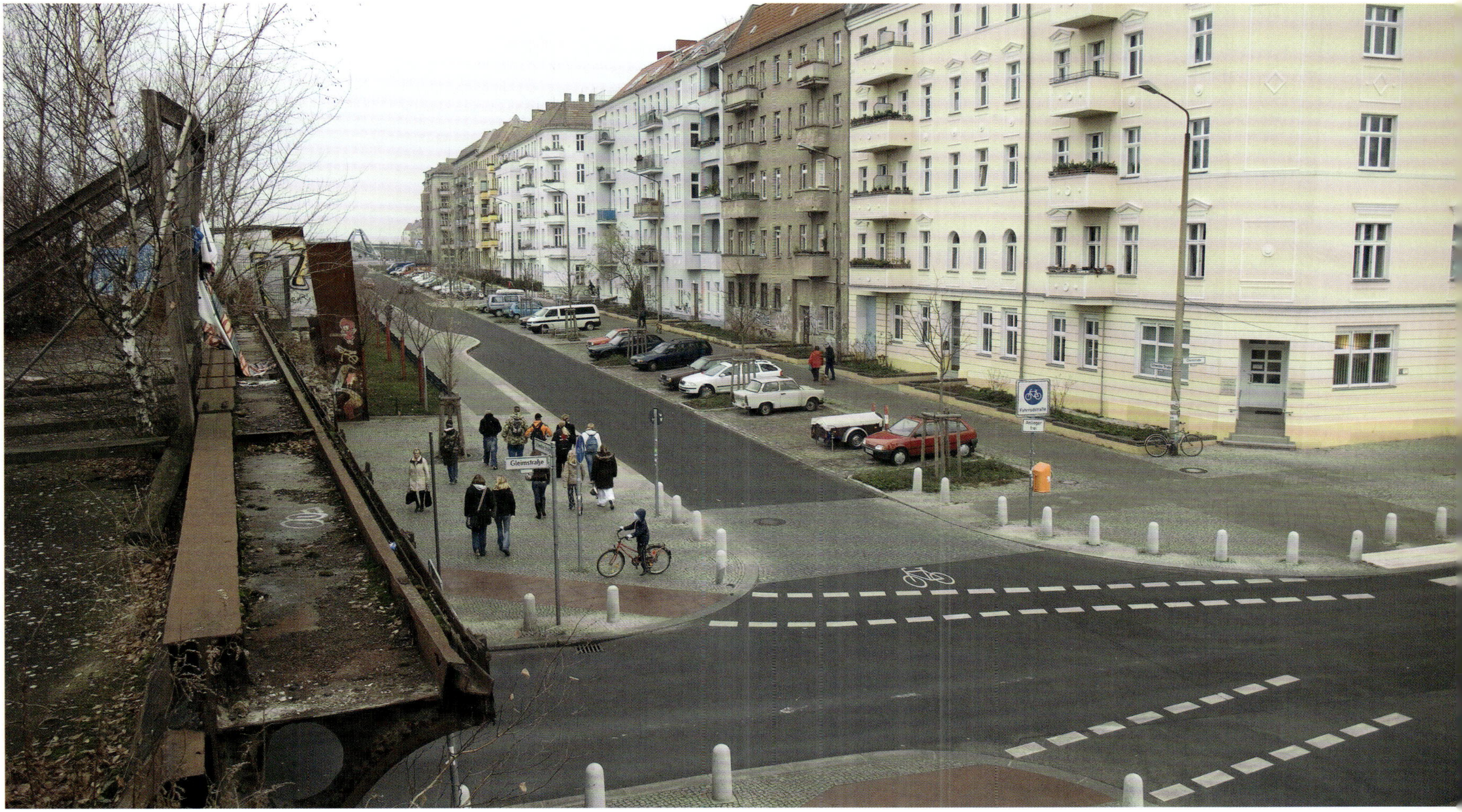
Gleimstraße

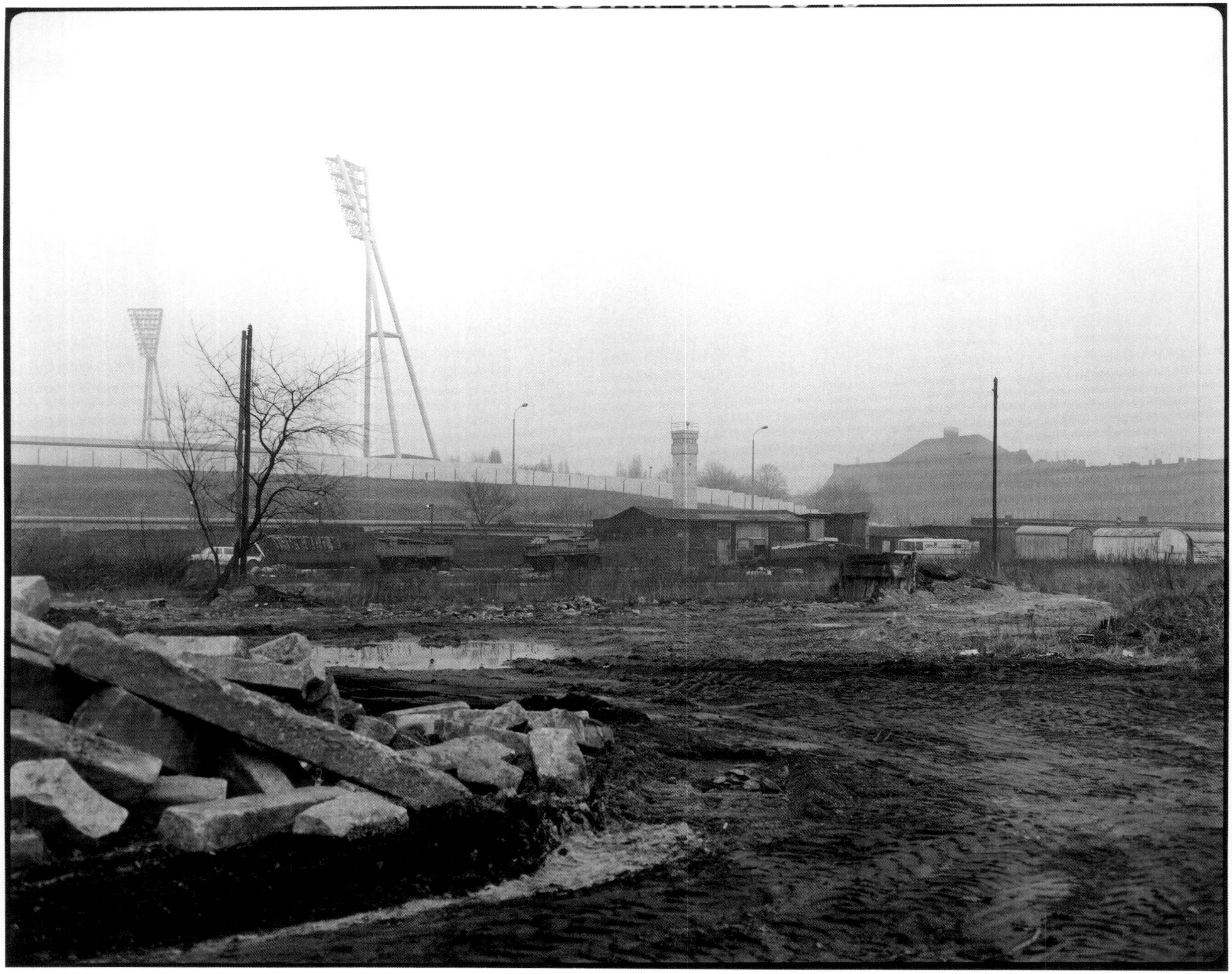

 Wedding/Prenzlauer Berg. Güterbahnhof der Nordbahn. 1988.

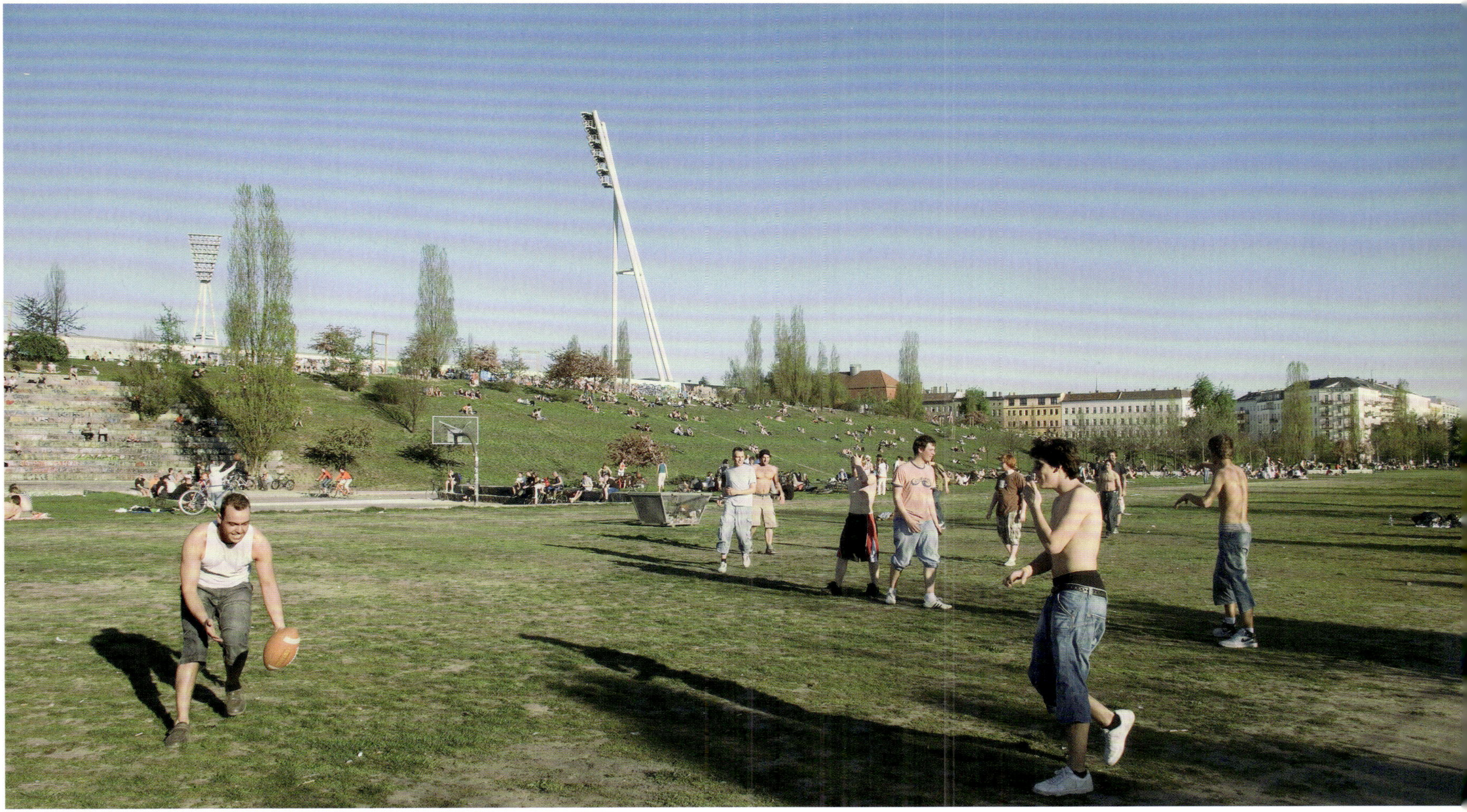

Wedding/Prenzlauer Berg. Mauerpark. 2007.

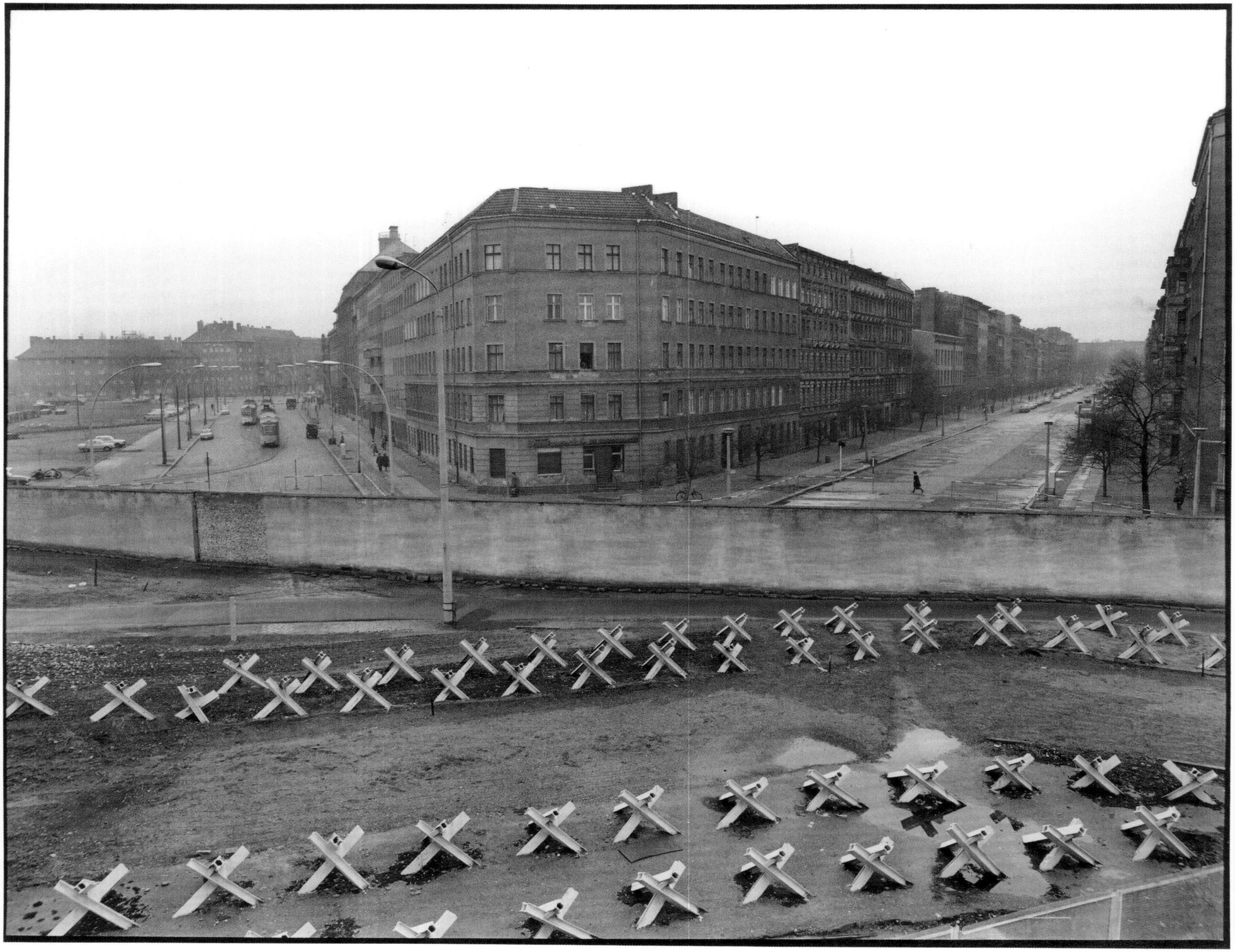

 Wedding/Prenzlauer Berg. Bernauer Straße – Eberswalder Straße, Oderbergerstraße, Schwedter Straße, Blick nach Osten. 1976 und 2007.

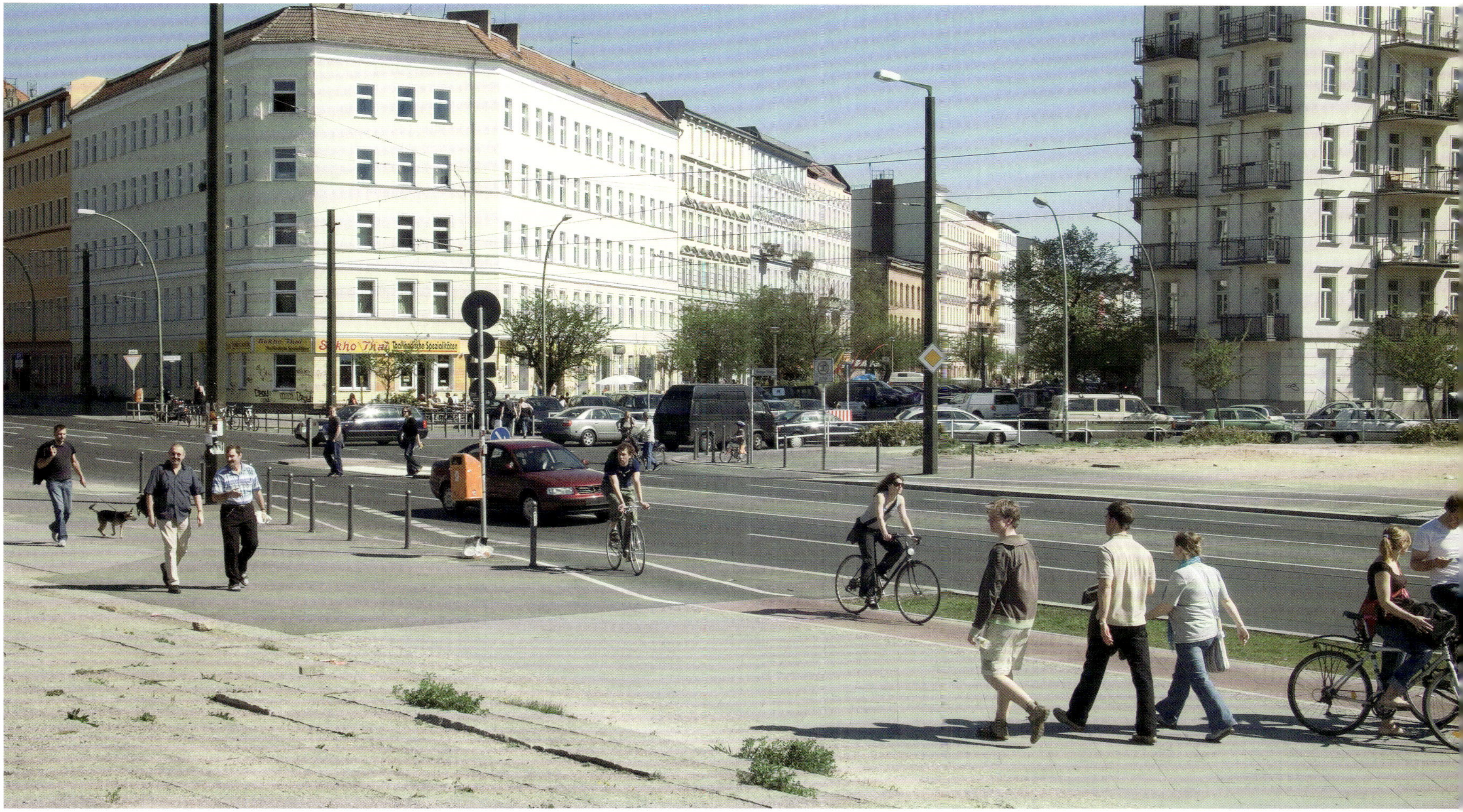

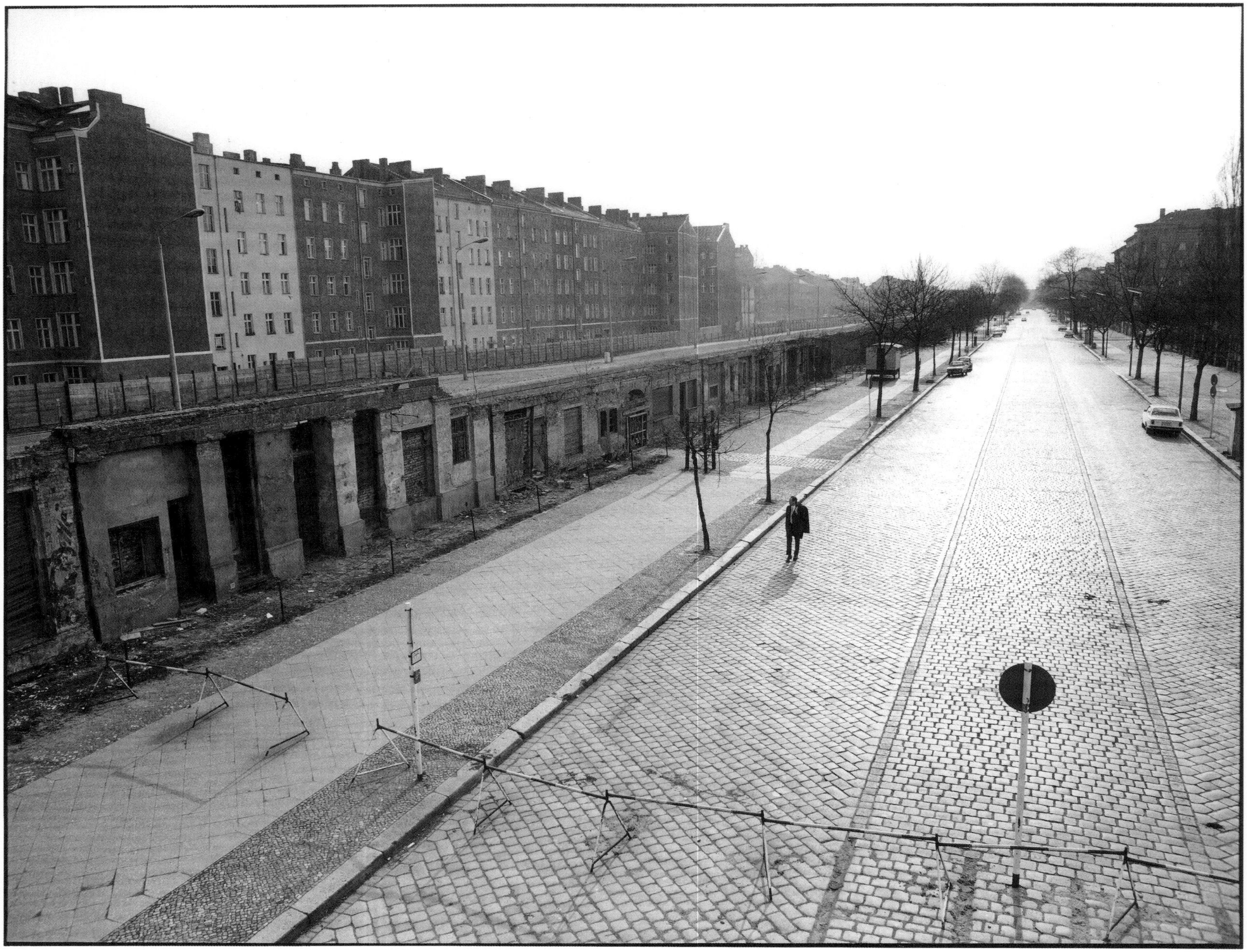

 Wedding/Mitte. Bernauer Straße, Blick nach Westen. 1973 und 2007.

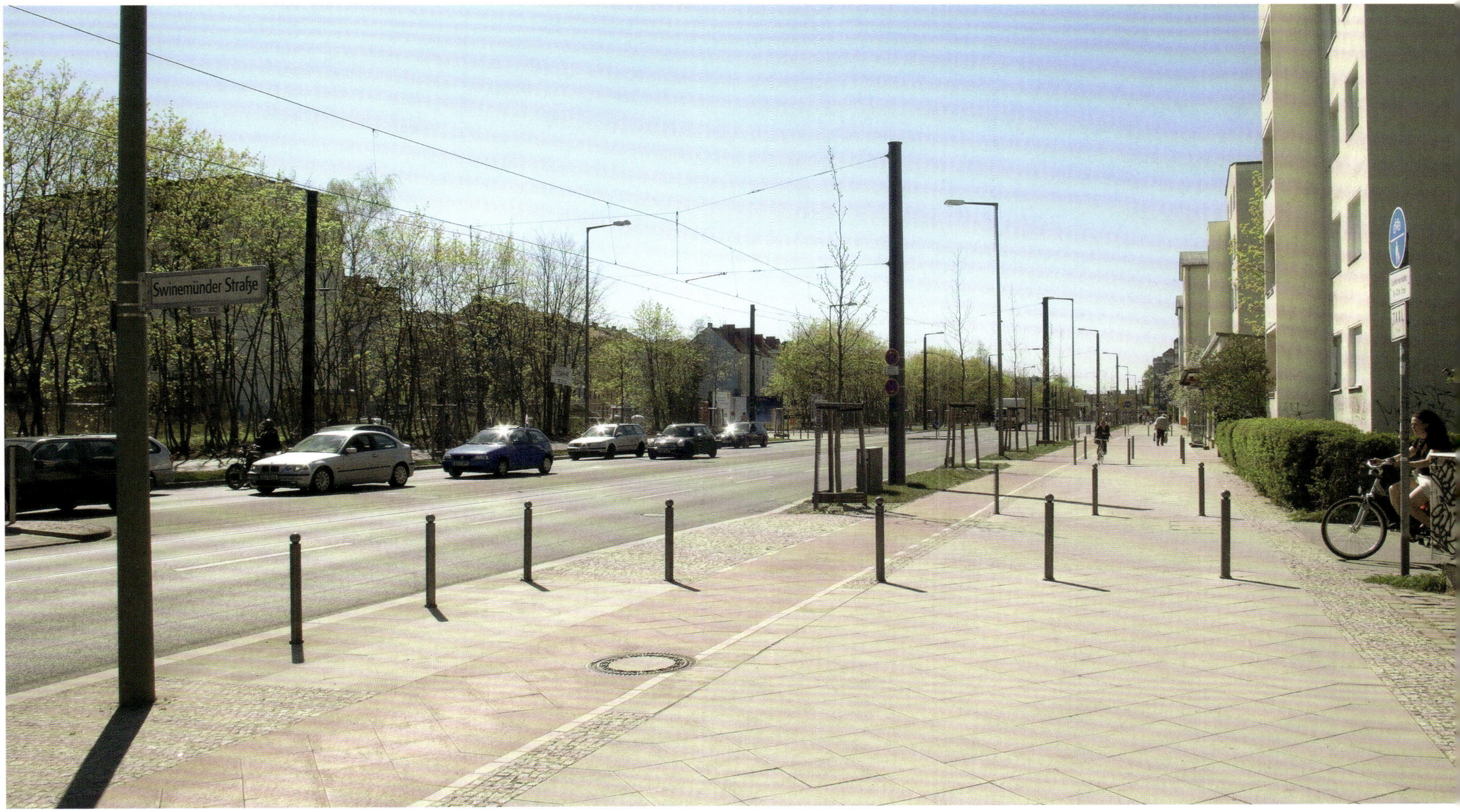
Swinemünder Straße

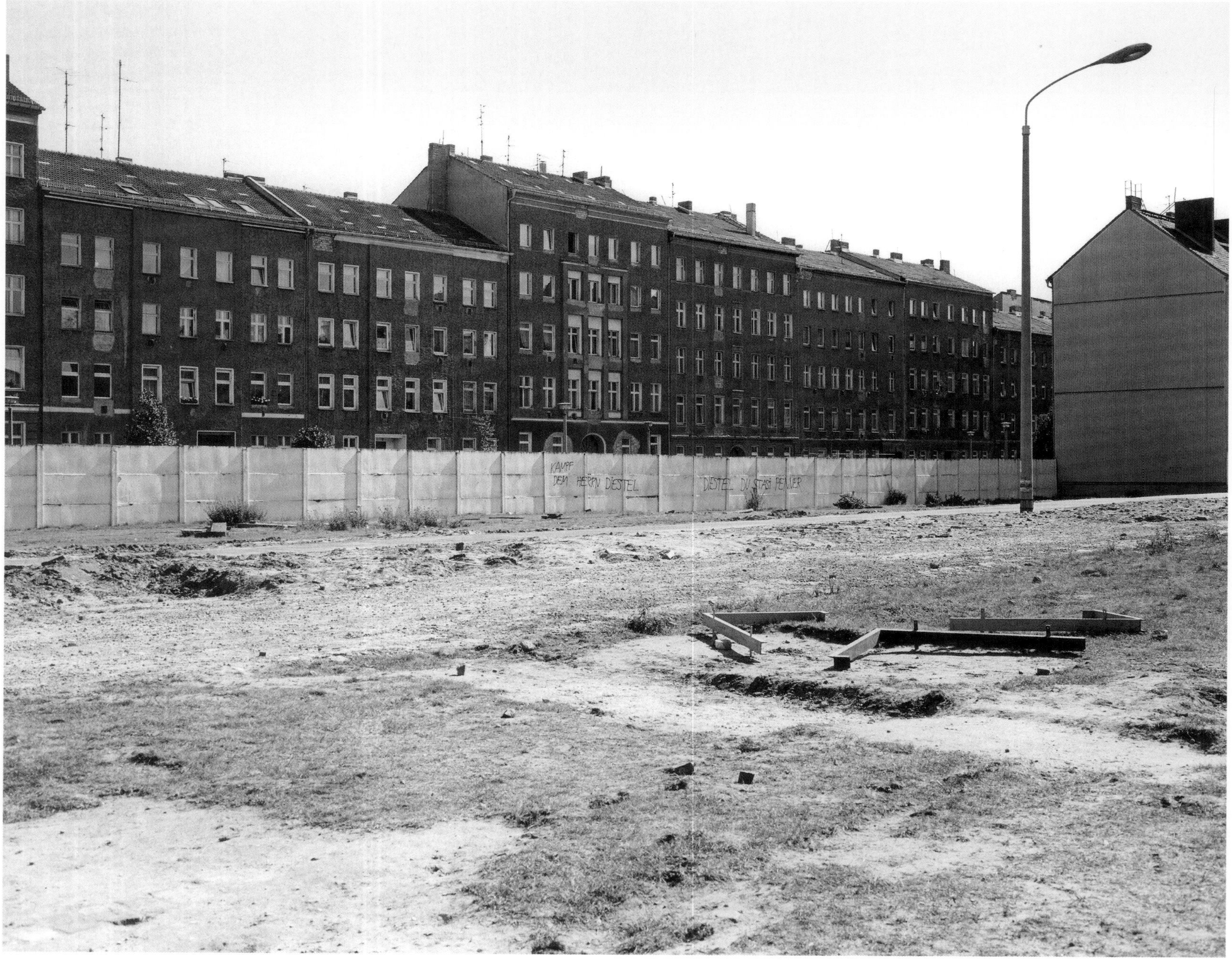

 Mitte. Ruppiner Straße, Ecke Bernauer Straße, Blick nach Westen auf die Schönholzer Straße und die Brunnenstraße im Hintergrund. 1990.

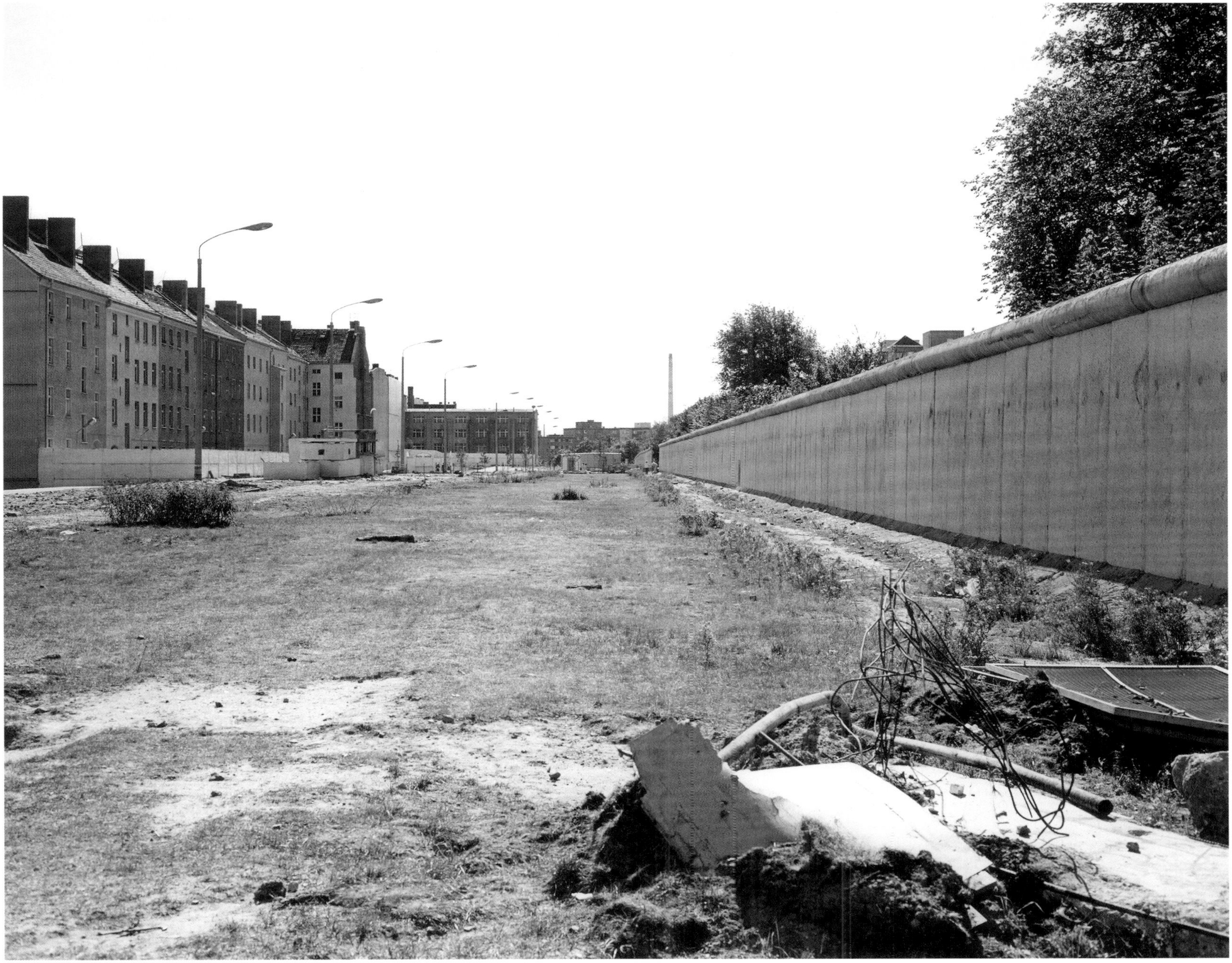

Vom Umgang mit der Berliner Mauer

In den Sechzigerjahren wurden ganze Straßenzüge entlang des Grenzstreifens abgerissen, zum Beispiel an der Bernauer Straße.

Erst 1968 wurde die sogenannte »Mauer der 3. Generation« aus Beton mit aufgesetztem Rohr gebaut. Die offizielle DDR-Bezeichnung für diese 3,75 Meter hohe Mauer lautete »Vorderes Sperrelement feindwärts«. Vor der Mauer standen Beleuchtungsmasten, dann folgte eine Grenzstreifenstraße, der sogenannte »Kolonnenweg«. Dieser Weg ist noch heute vielerorts als betonierte Straße auf dem Mauerstreifen zu sehen. Panzersperren und Beobachtungstürme sind hingegen fast vollständig verschwunden. An einigen Stellen, wie im Bereich des Nordbahnhofs, befinden sich noch Teile der rückwärtigen Mauer, die den Grenzsteifen (»Handlungsstreifen«) »freundwärts« befestigte.

106 Kilometer Beton-Mauer wurden 1990 abgerissen, über 300 Wachtürme und 127 Kilometer Signal- und Sperrzäune. Nur wenige Reste der Mauer blieben erhalten, etwa an der Bernauer Straße oder an der Mühlenstraße in Friedrichshain (»Eastside Gallery«).

Aber dennoch ist die Mauer im Stadtbild präsent. Nicht etwa, weil ein »Gesamtkonzept zur Erinnerung an die Berliner Mauer« schon umgesetzt wäre, oder weil an die mindestens 125 Menschen (nach manchen Angaben sogar 260) erinnert werden soll, welche an der Berliner Mauer zwischen 1961 und 1989 ums Leben gekommen sind. Nein, es handelt sich eher um juristische Probleme: Die Eigentumsverhältnisse der seinerzeit enteigneten Mauergrundstücke sind oft umstritten. So ist vielerorts eine Brachlandschaft entstanden, welche die Stadtstruktur noch immer beeinträchtigt.

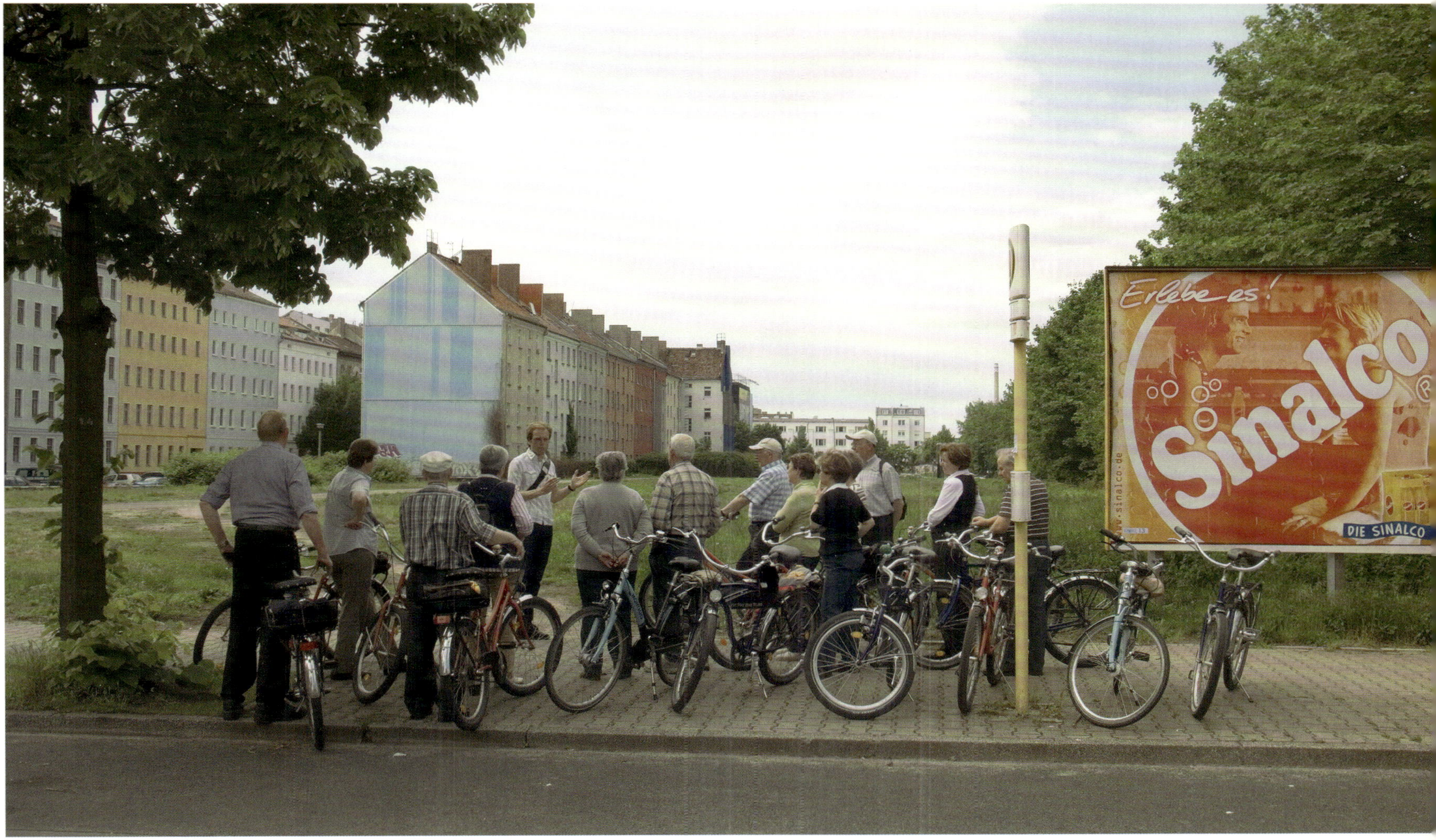

Mitte. Ruppiner Straße, Ecke Bernauer Straße, Blick nach Westen auf die Schönholzer Straße und die Brunnenstraße im Hintergrund. 2007.

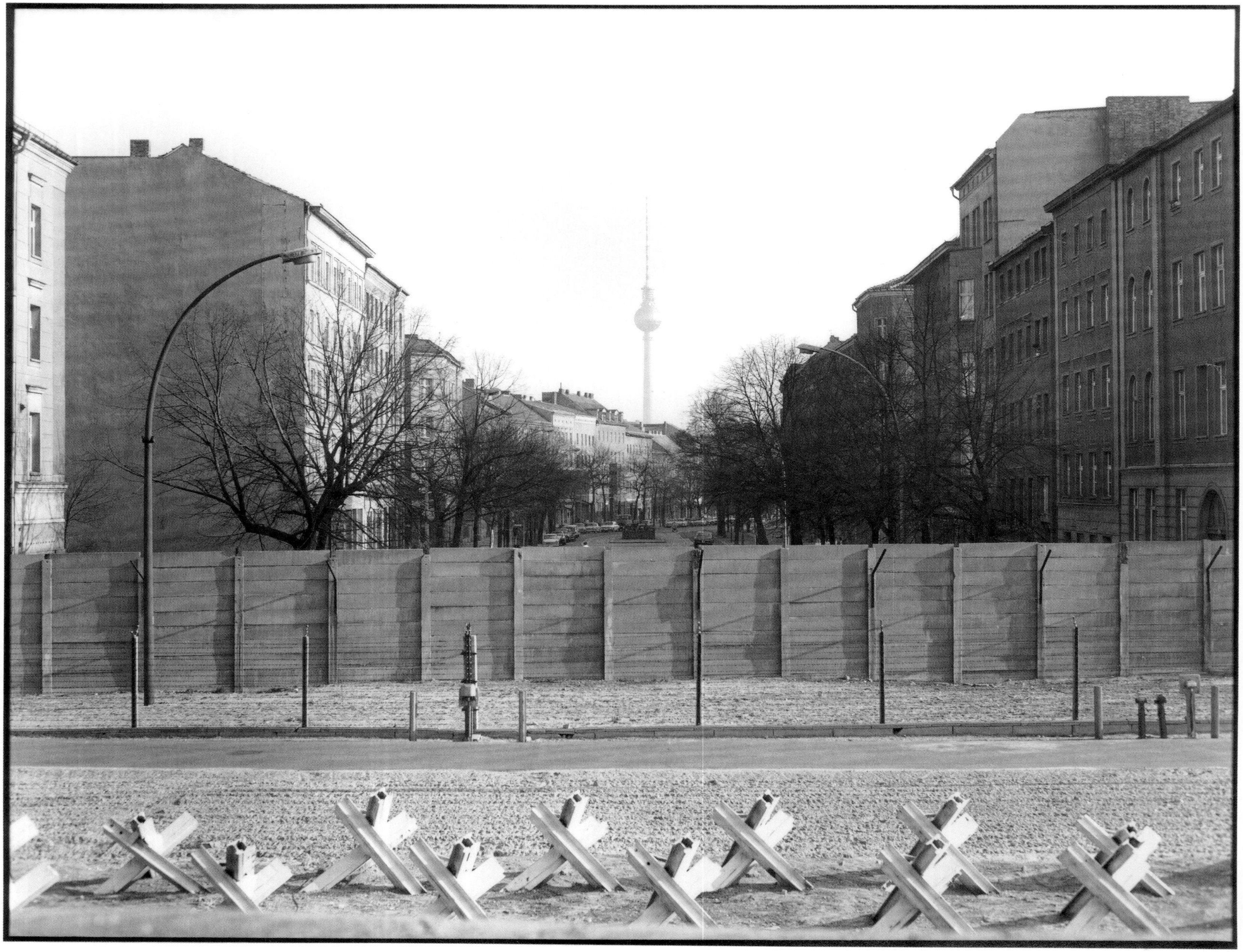

 Wedding/Mitte. Brunnenstraße, Ecke Bernauer Straße. 1973 und 2007.

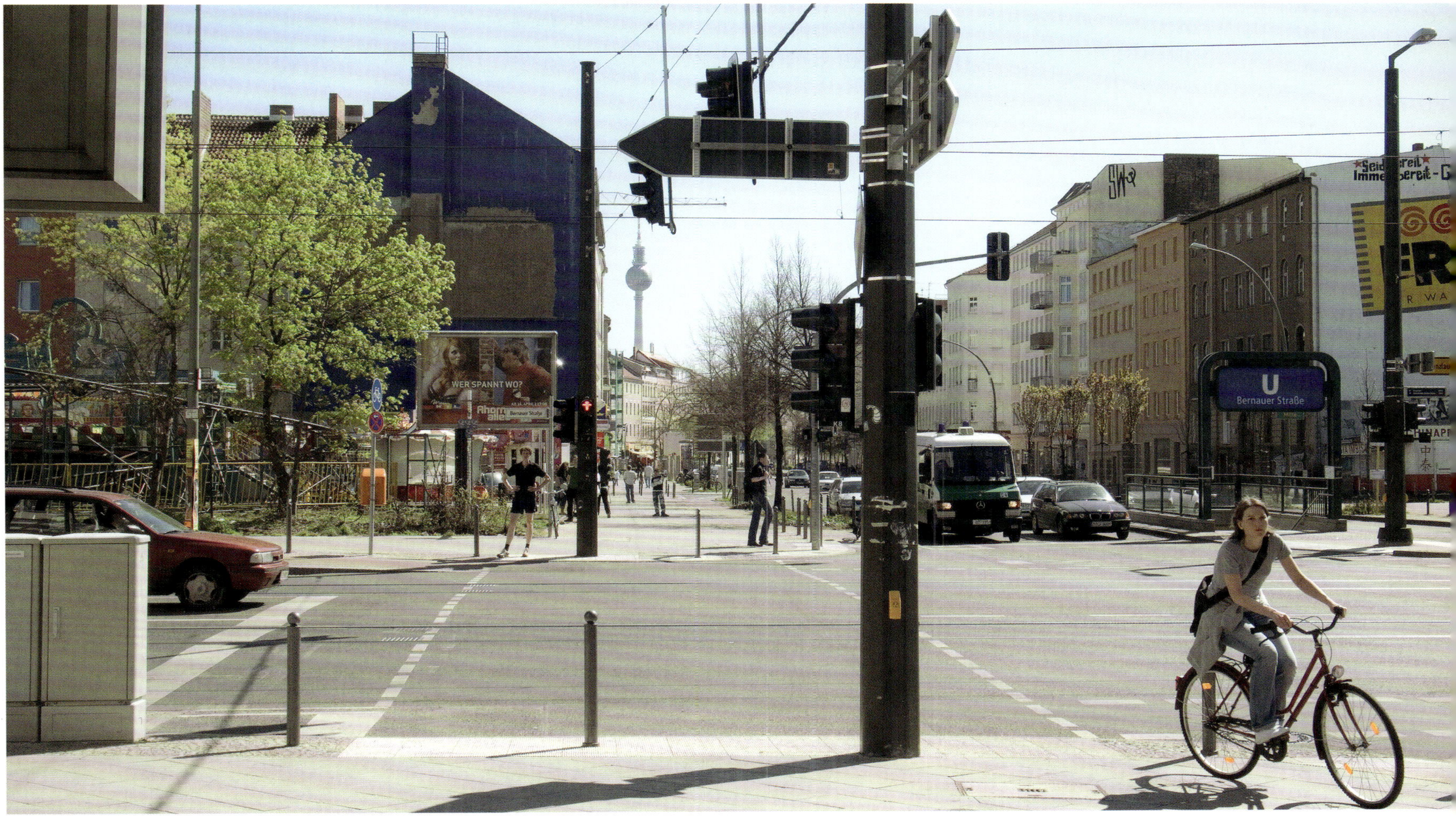
WER SPANNT WO?
U
Bernauer Straße

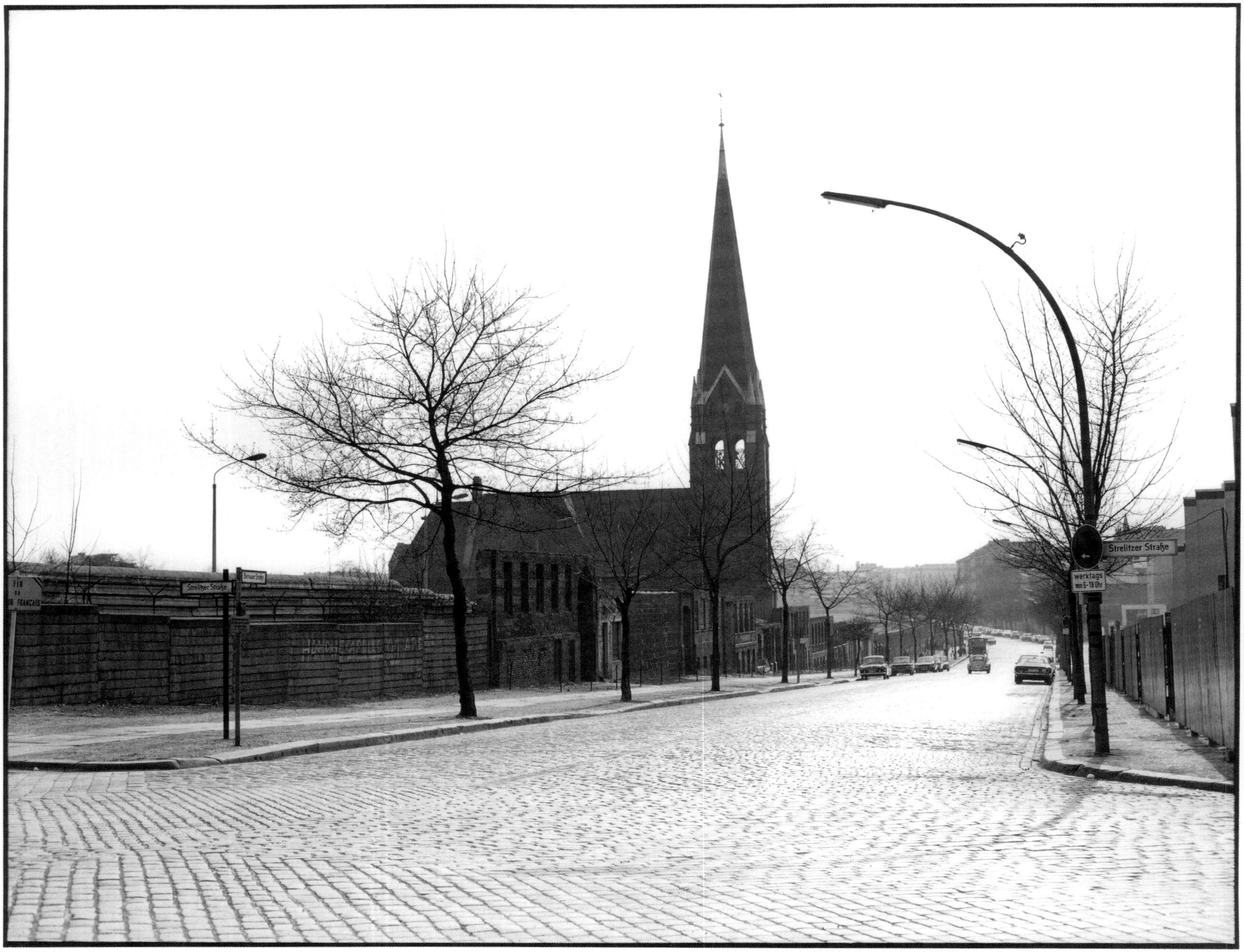

 Wedding/Mitte. Bernauer Straße, Ecke Brunnenstraße, auf dem linken Bild die Versöhnungskirche. 1973 und 2007.

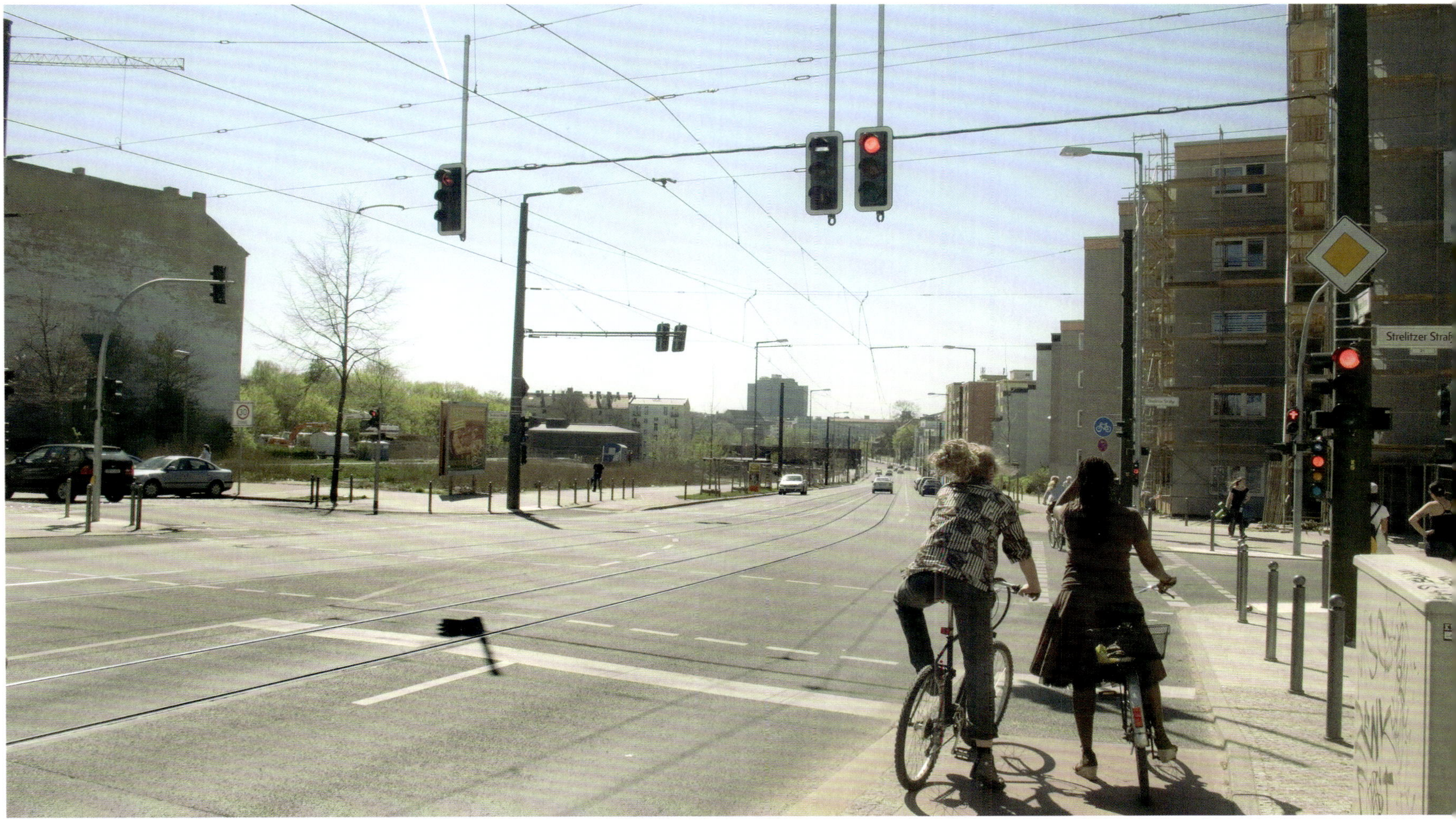
Strelitzer Straß

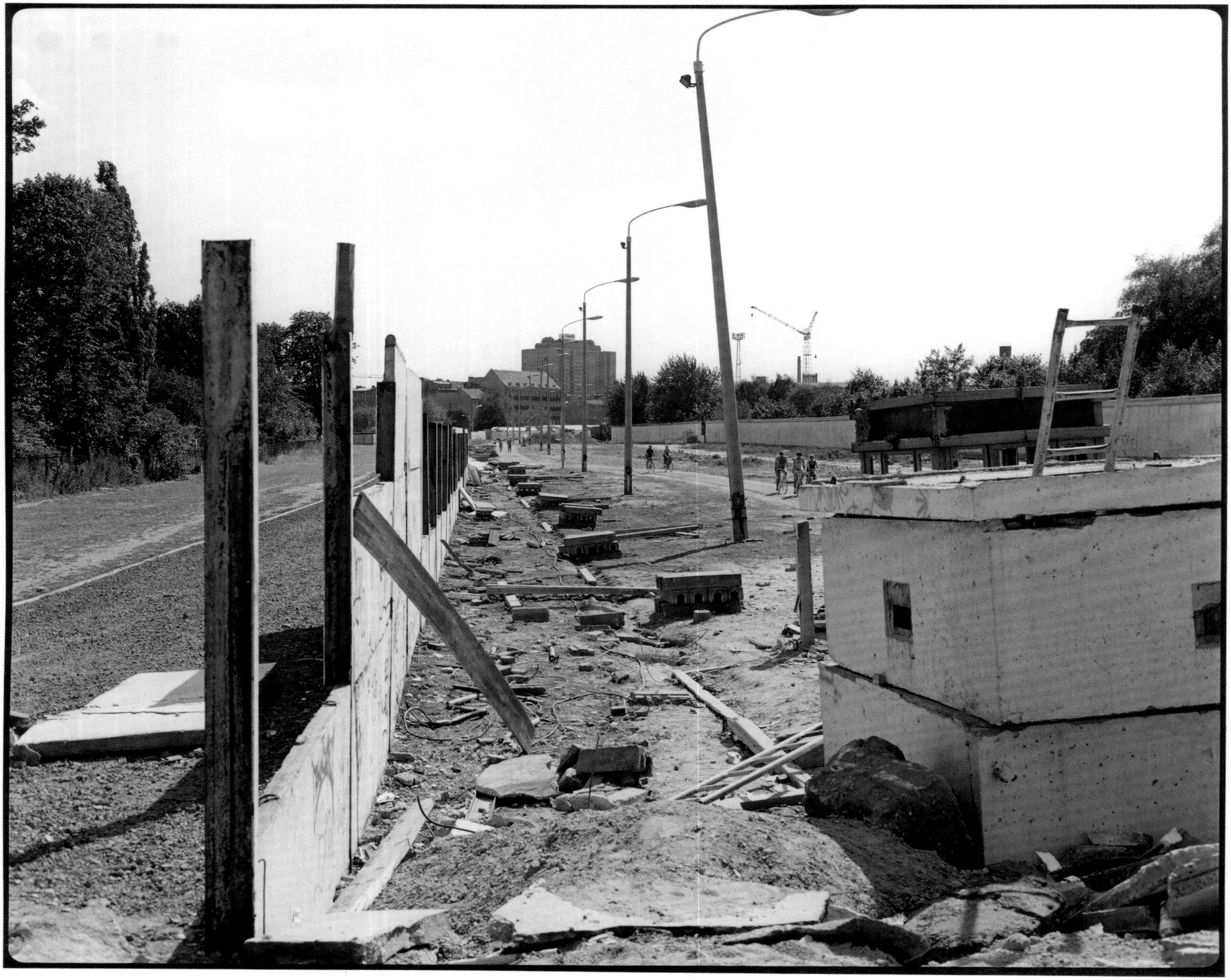

 Mitte/Wedding. Bernauer Straße, Ecke Ackerstraße, Blick nach Südwesten. 1990.

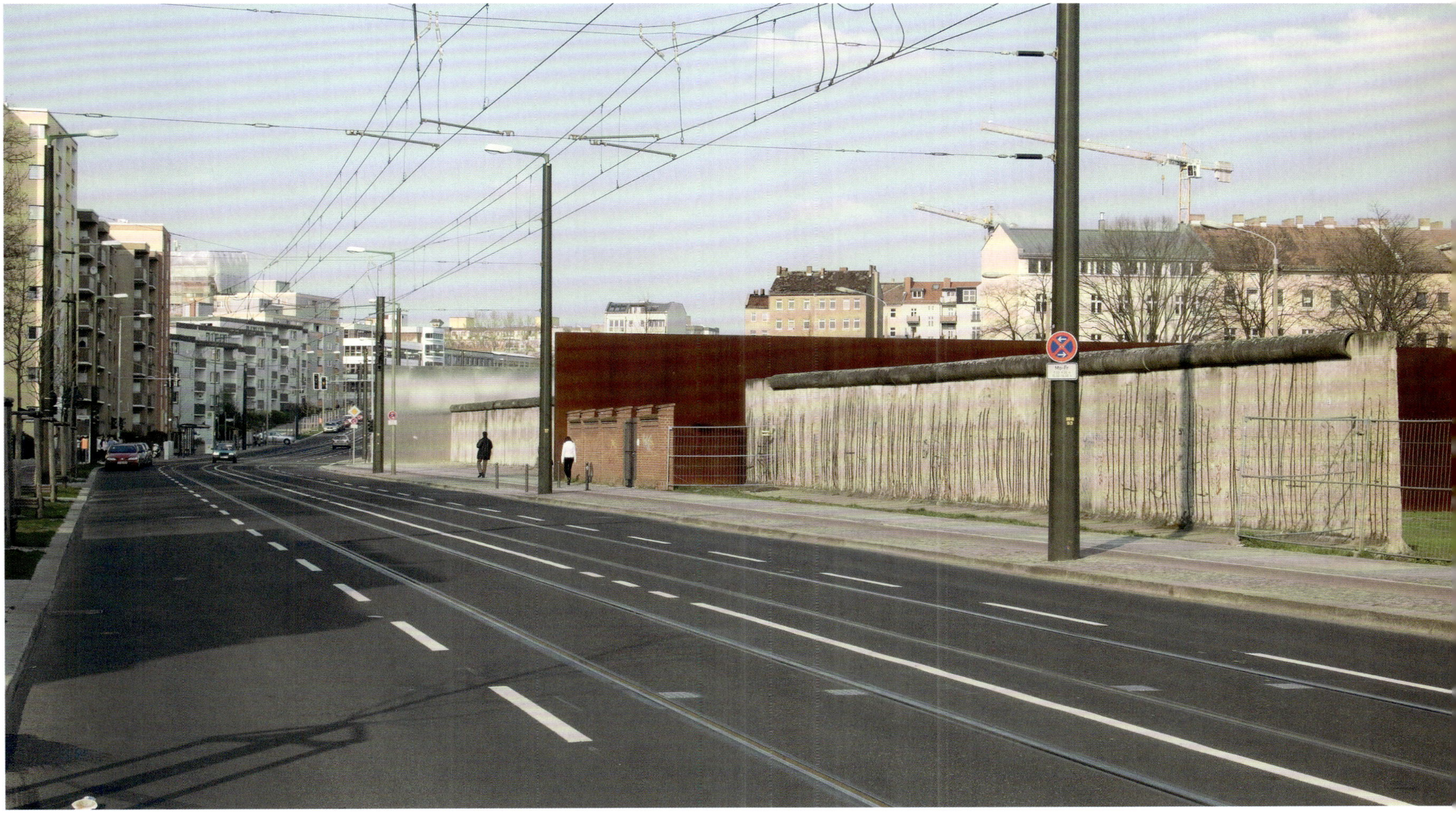

Mitte/Wedding. Bernauer Straße, Mauergedenkstätte, Blick nach Nordosten. 2007.

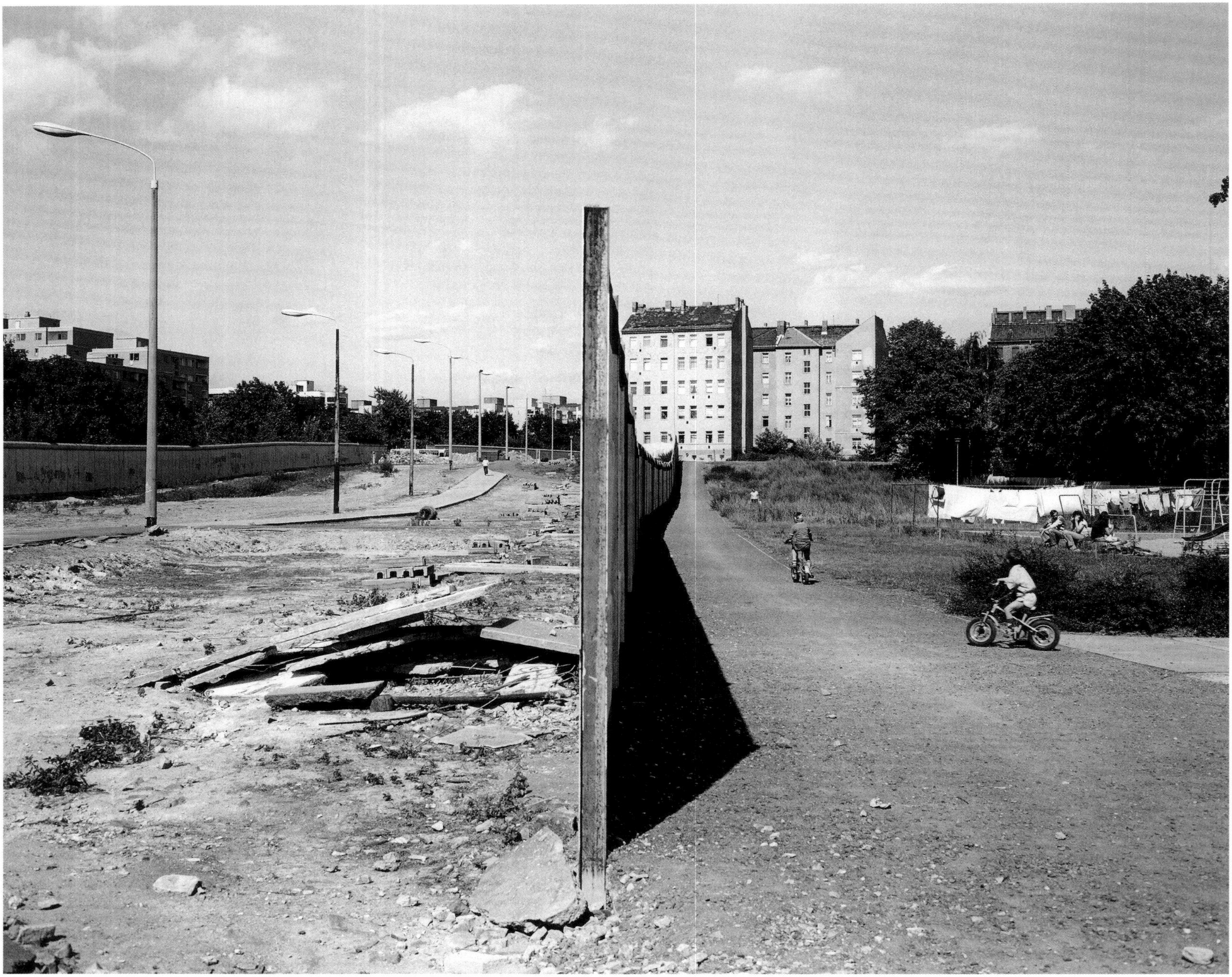

 Mitte/Wedding. Ackerstraße, Ecke Bernauer Straße, Blick nach Nordosten. 1990.

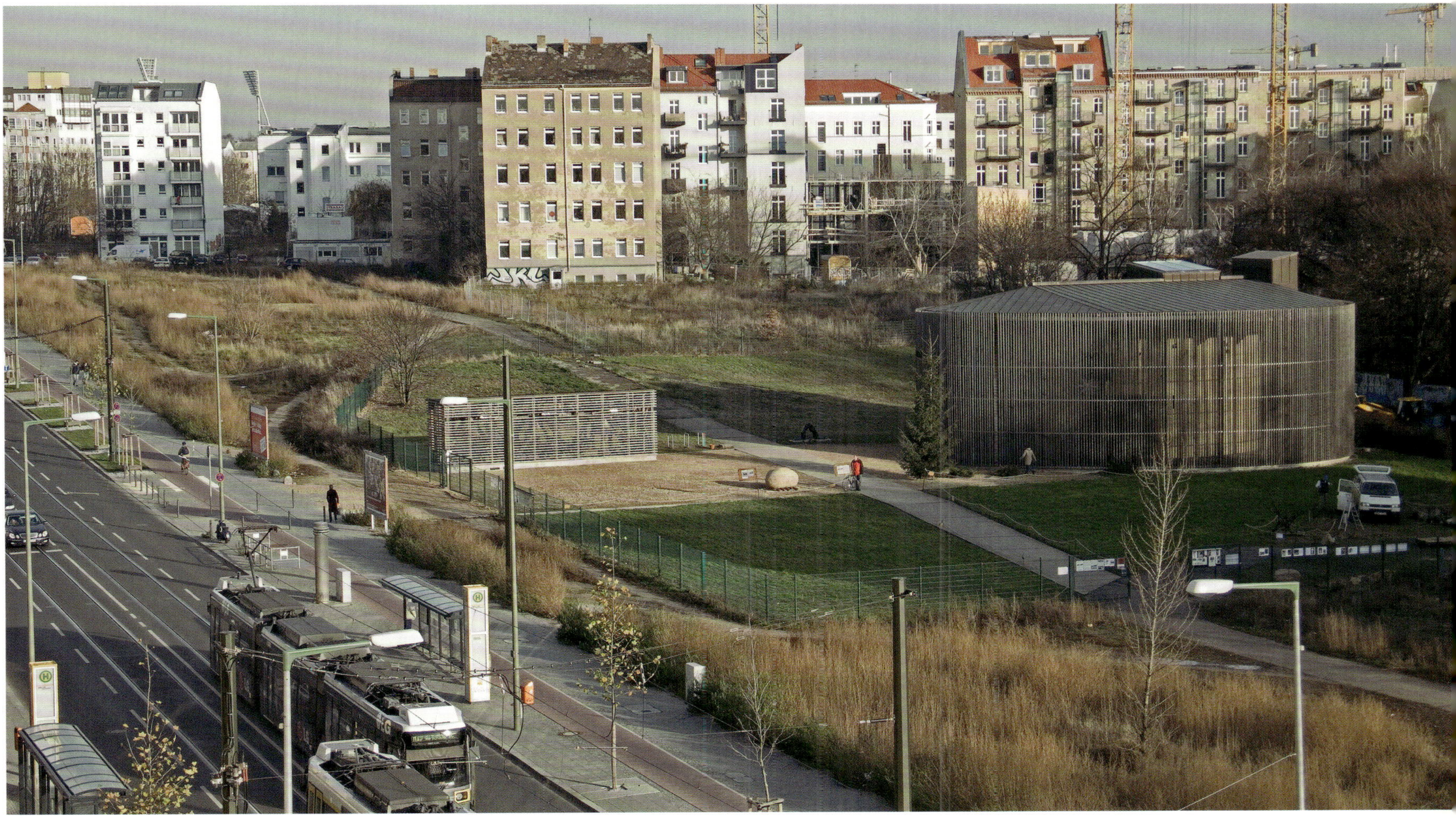

Wedding/Mitte. Bernauer Straße, Ecke Ackerstraße, Blick nach Osten, rechts die Kapelle der Versöhnung. 2007.

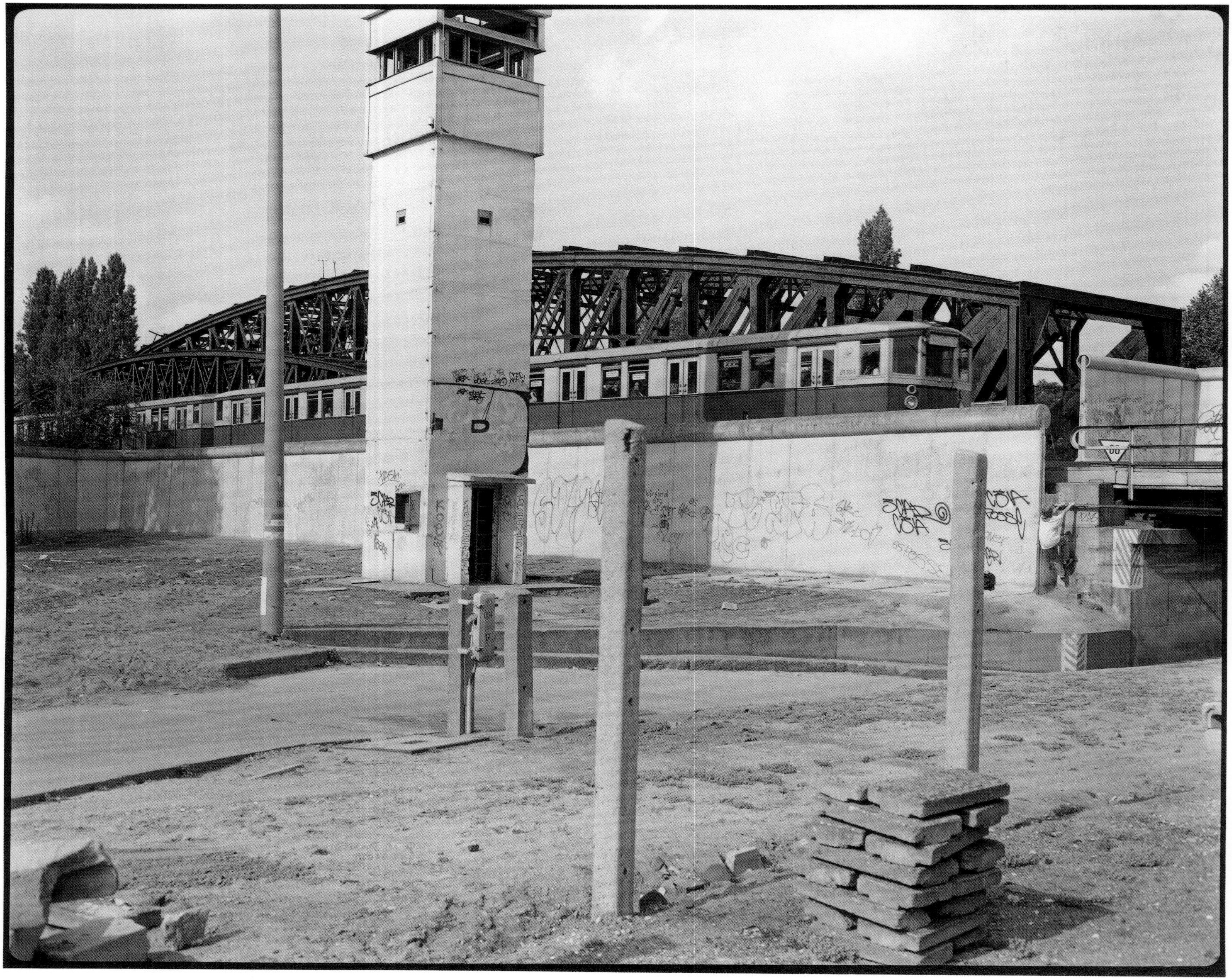

 Mitte/Wedding. Liesenstraße. 1990.

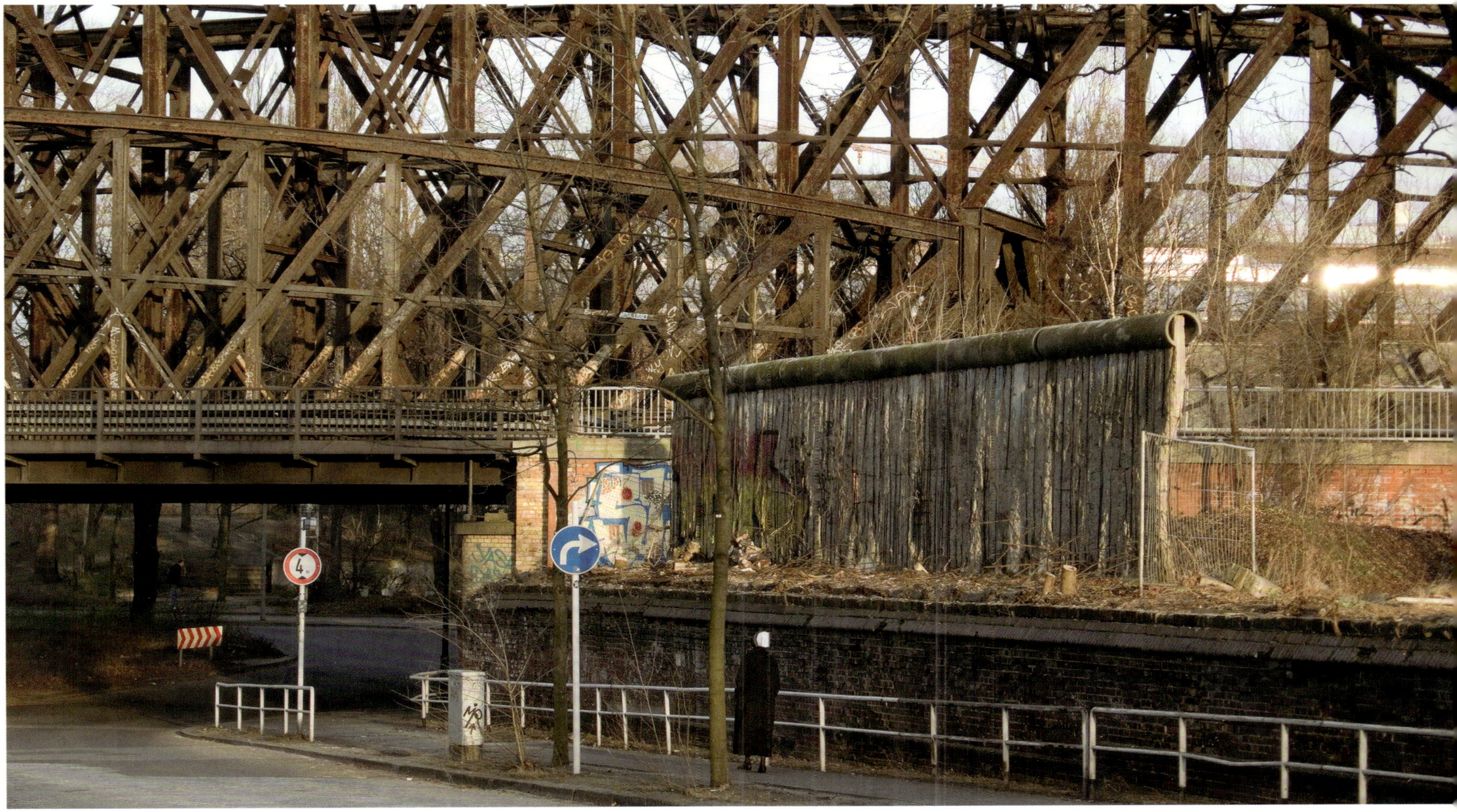

Wedding/Mitte. Liesenstraße. 2007.

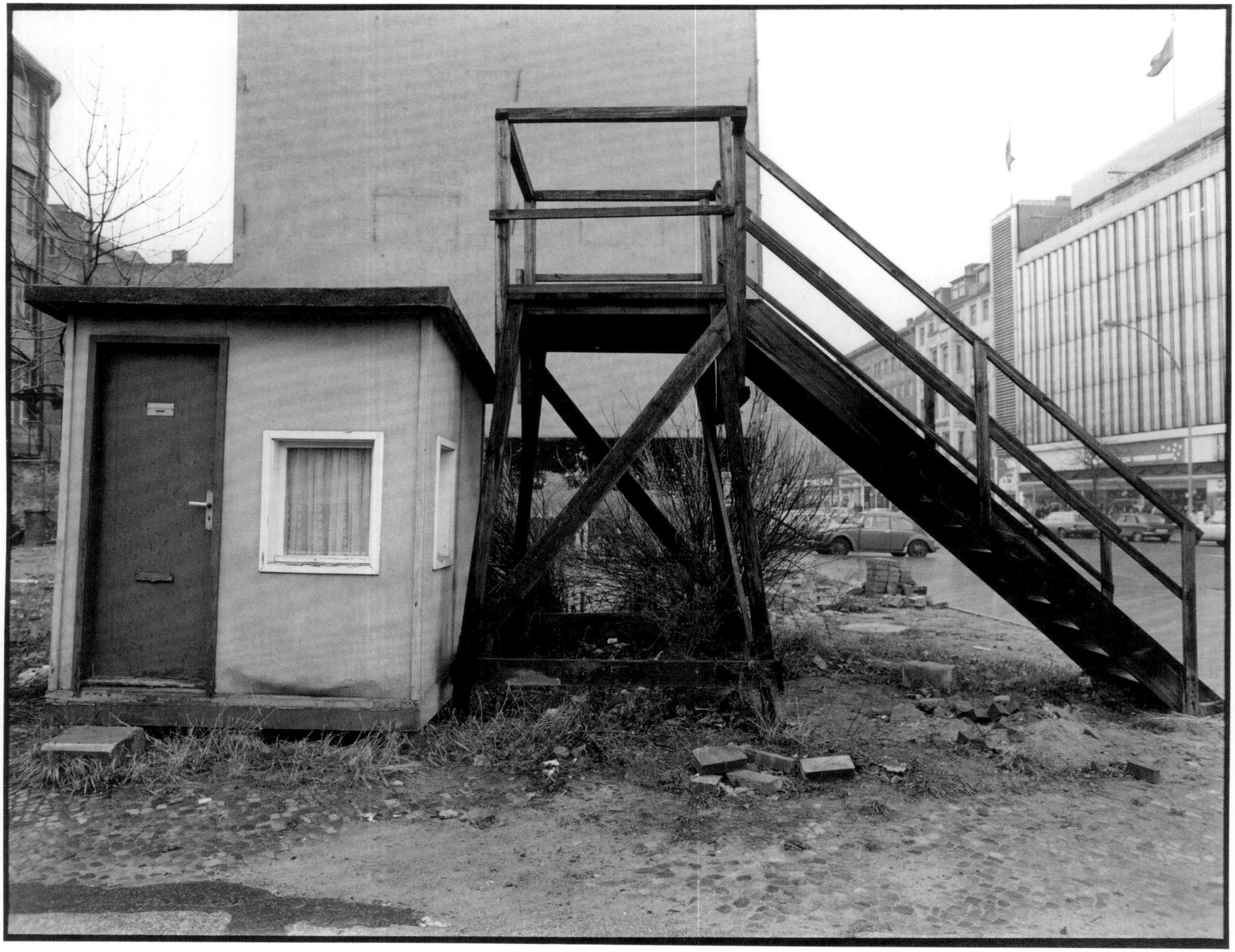

 Wedding. Chausseestraße, Ecke Boyenstraße, Blick nach Nordwesten. 1976.

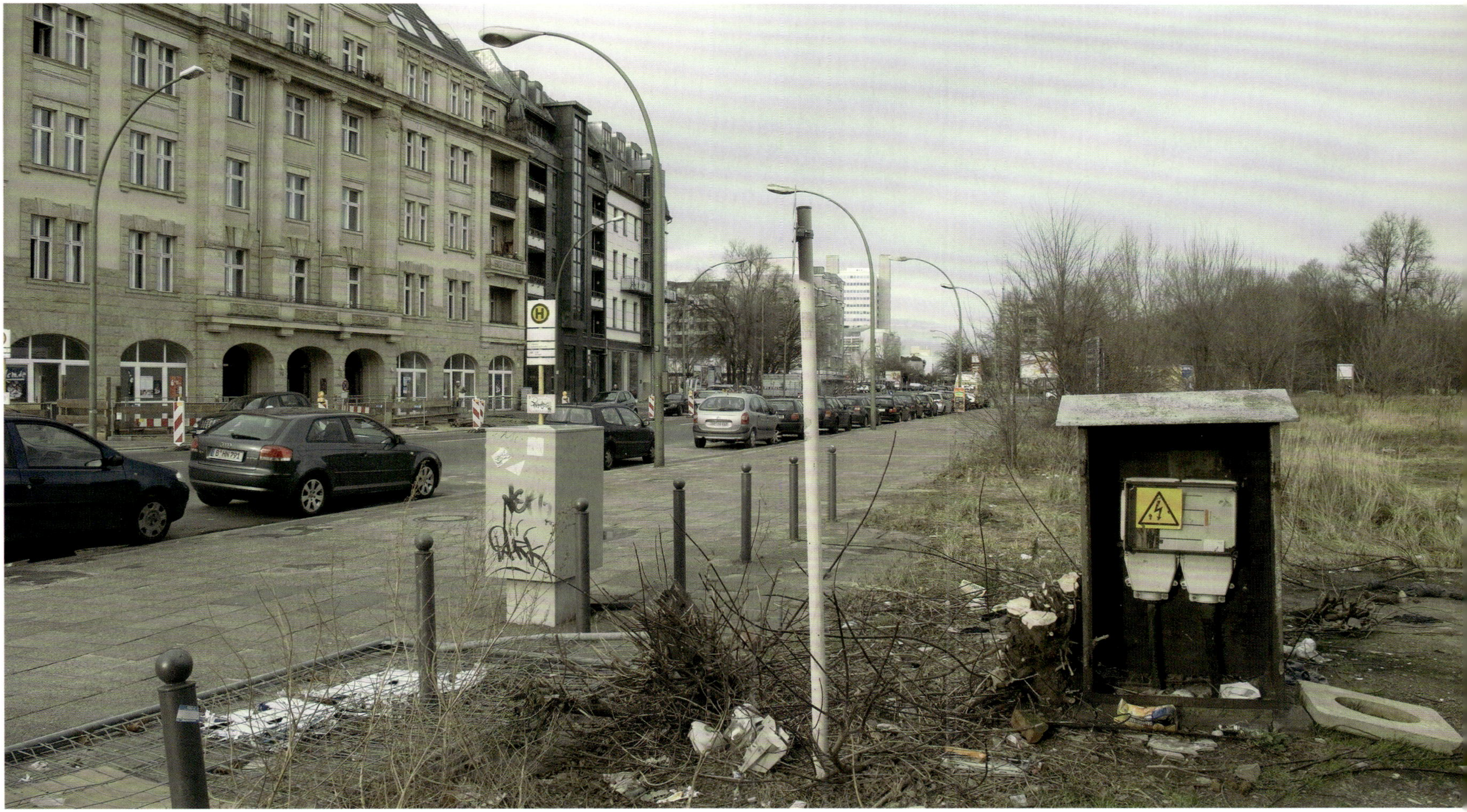

Mitte/Wedding. Chausseestraße, Blick nach Nordwesten. 2007.

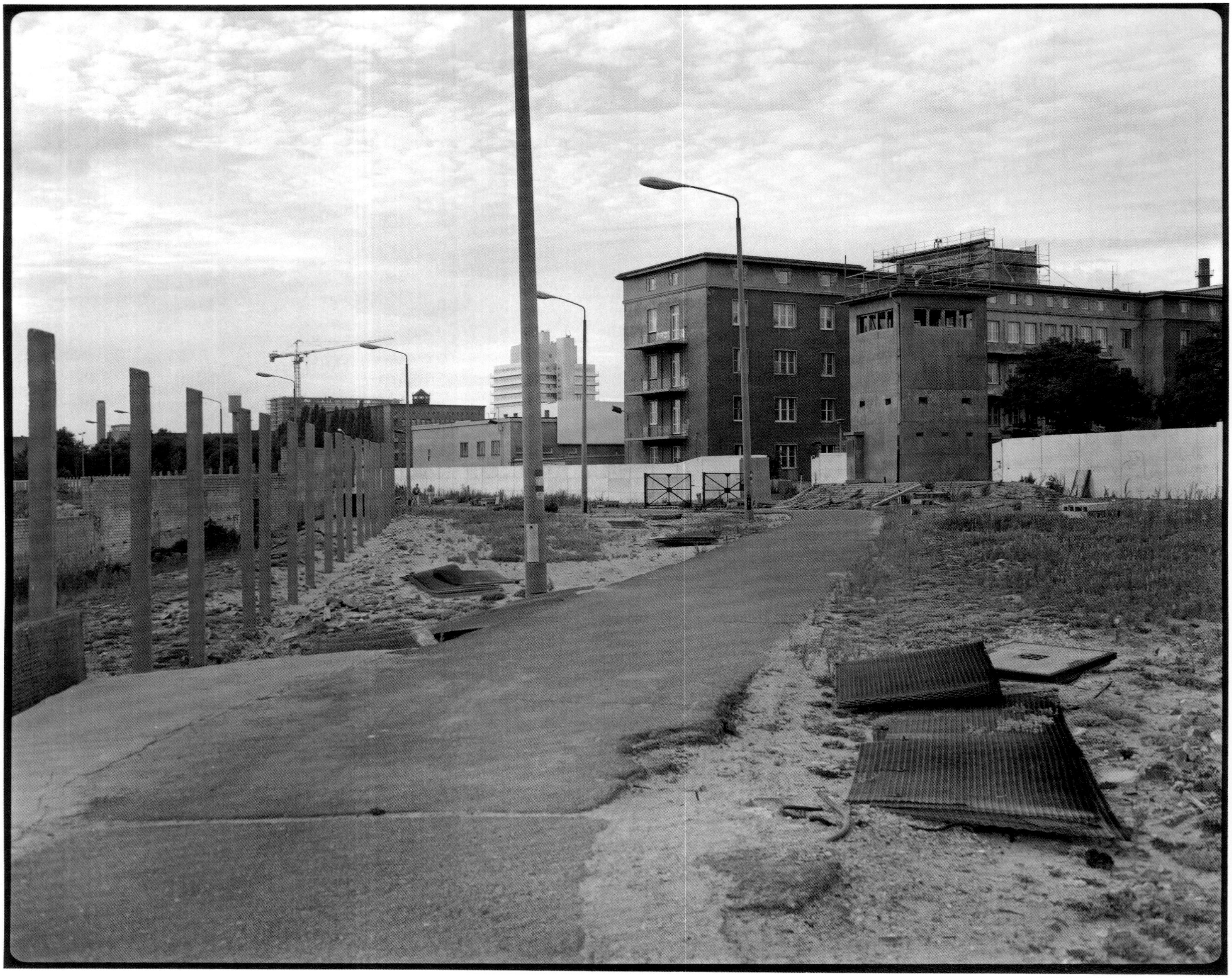

 Mitte. Kieler Straße, Blick nach Nordwesten. 1990.

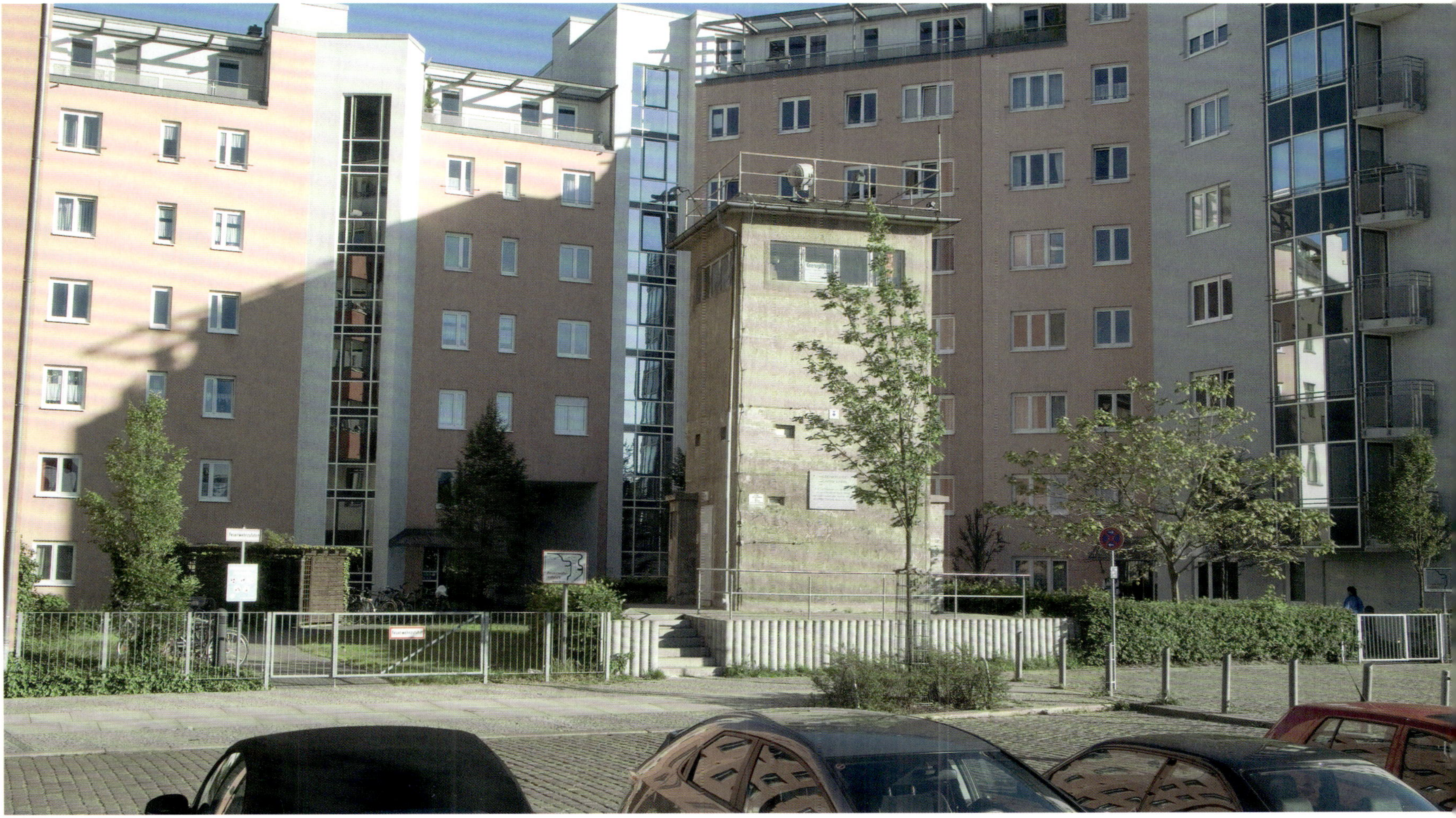

Mitte. Kieler Straße, Blick nach Südosten. 2007.

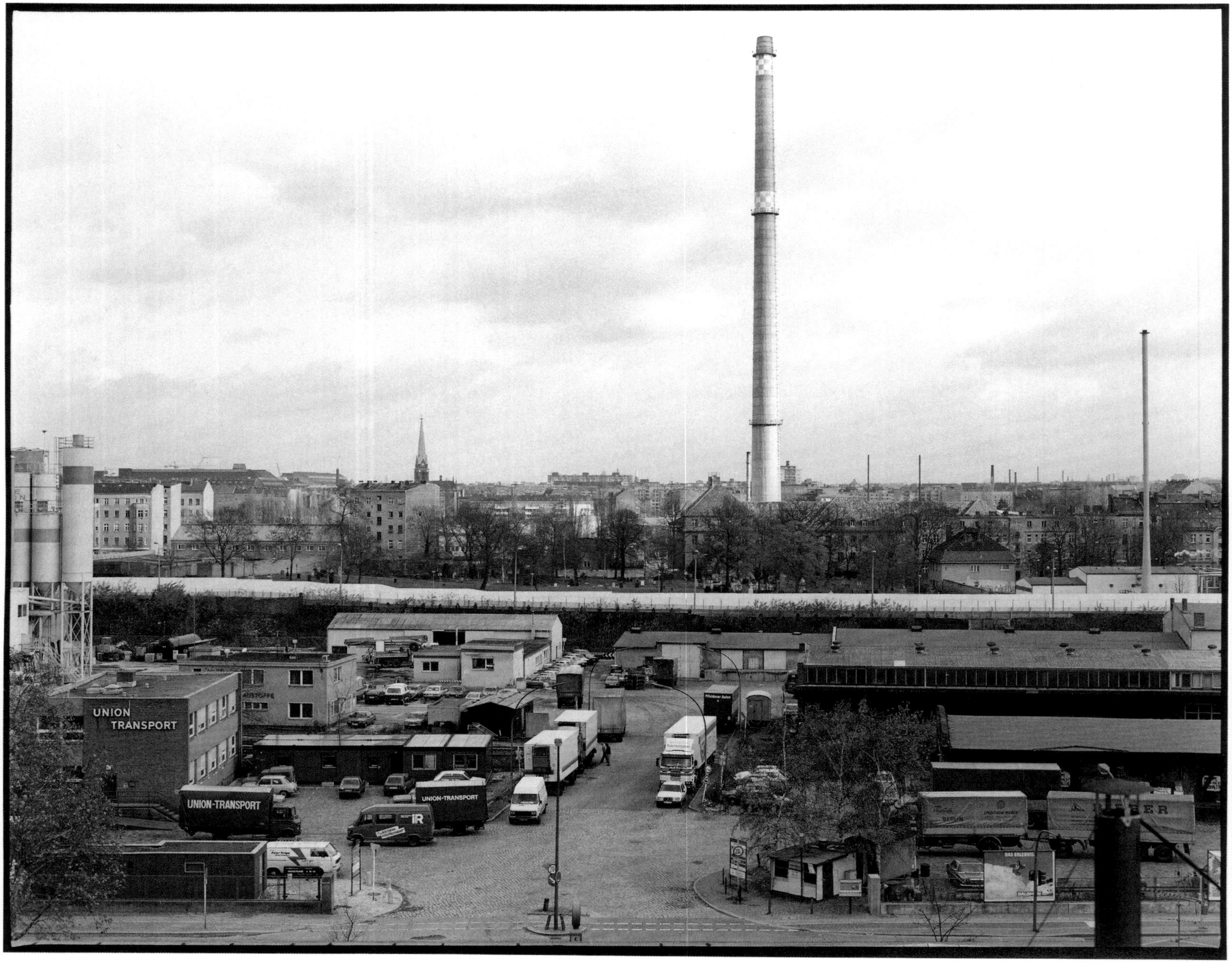

 Tiergarten/Mitte. Heidestraße, Blick nach Osten auf den Invalidenfriedhof. 1986.

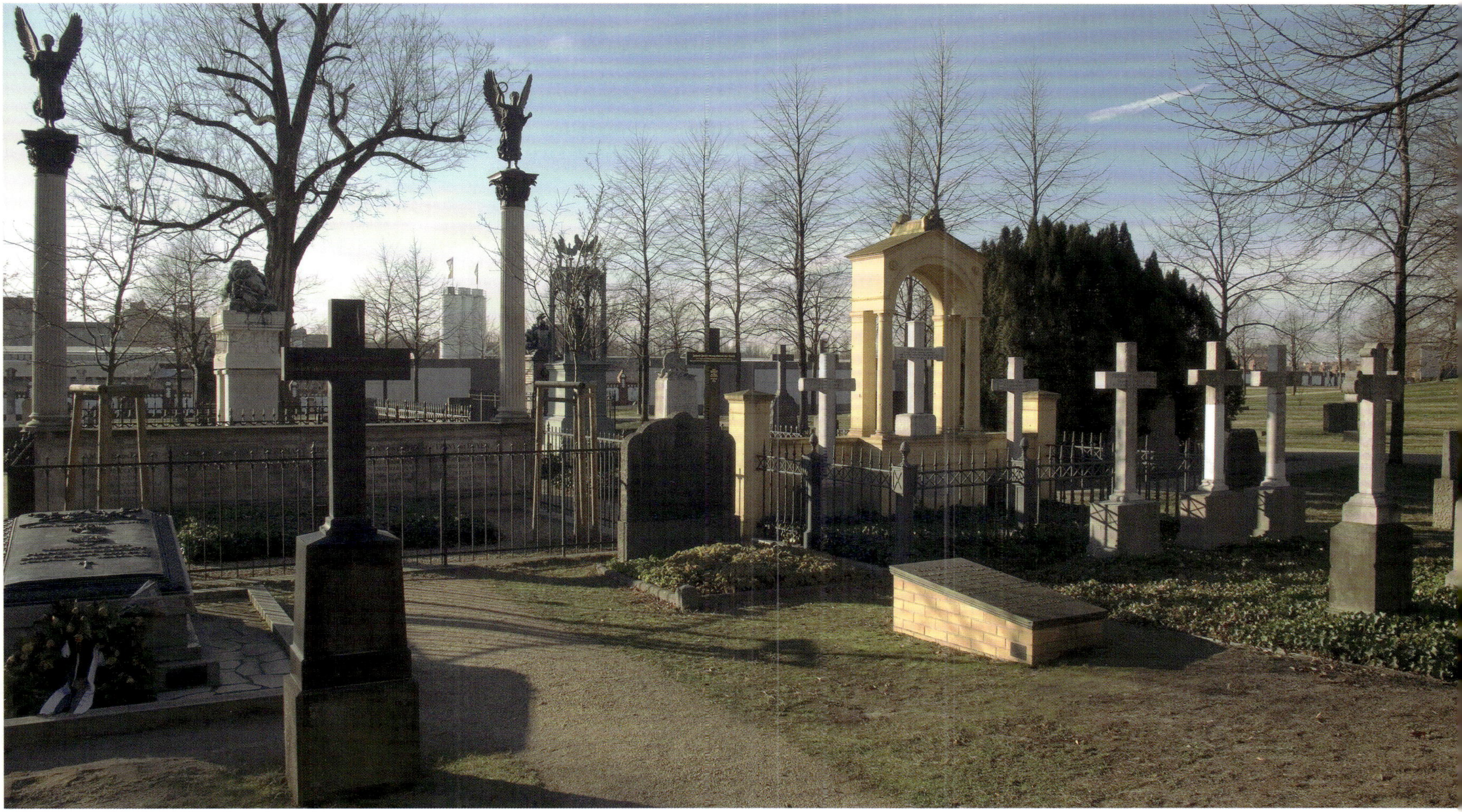

Mitte/Tiergarten. Blick vom Invalidenfriedhof nach Westen. 2007.

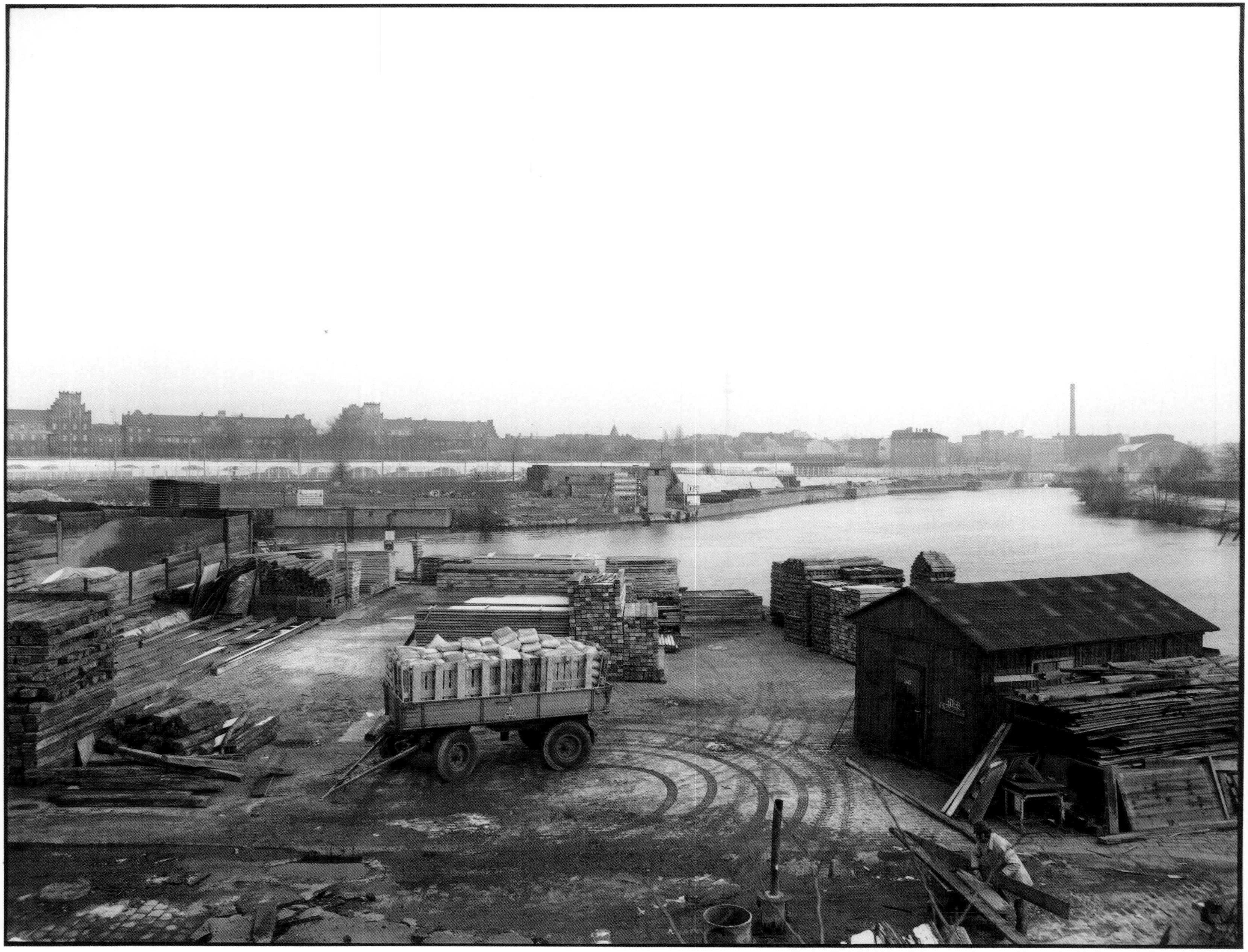

 Tiergarten/Mitte. Friedrich-List-Ufer, Humboldthafen, Berlin-Spandauer Schifffahrtskanal und Spree. 1976 und 2007.

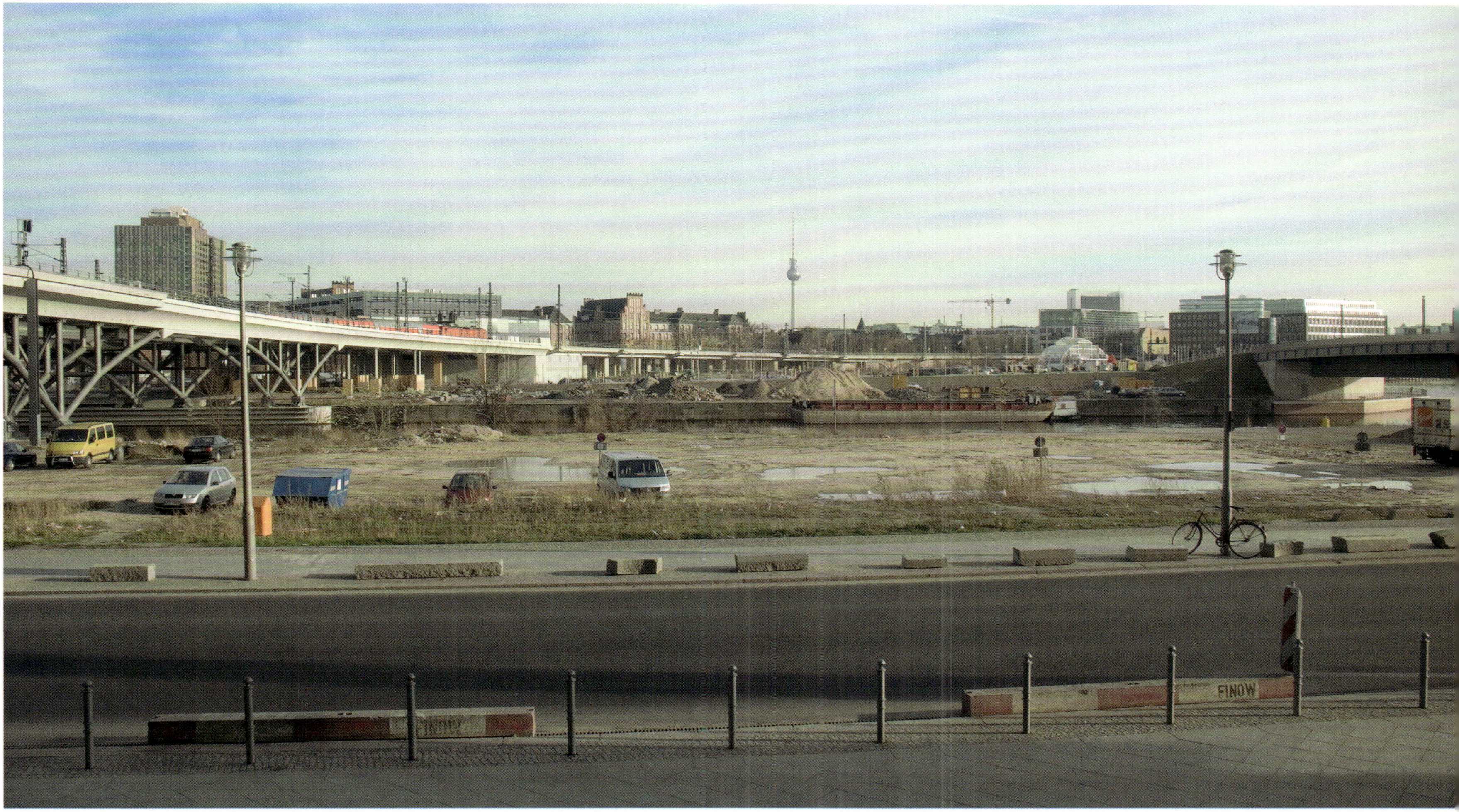
FINOW

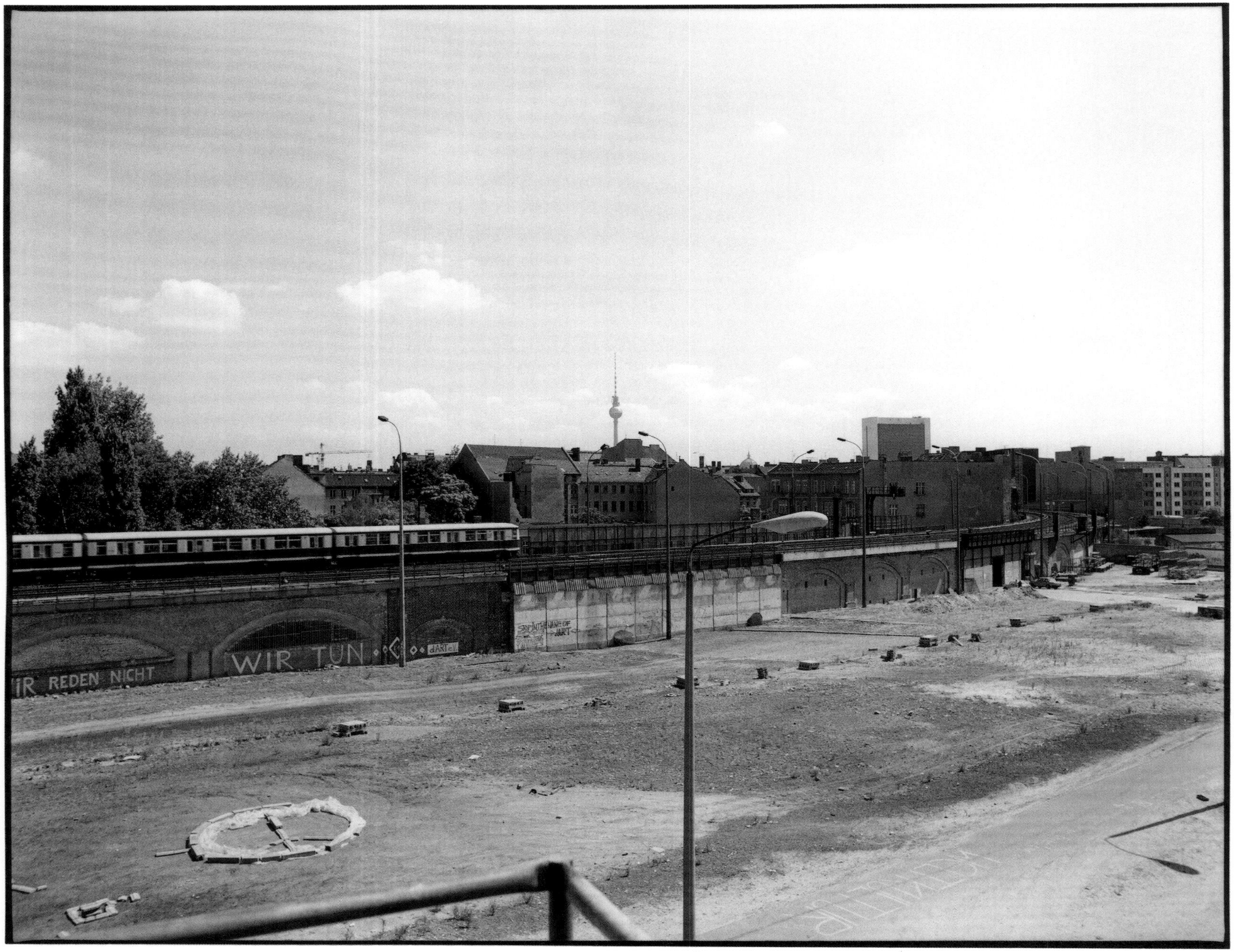

 Mitte/Tiergarten. Kapelleufer, Unterbaumstraße, Blick nach Südosten, links die Stadtbahn, rechts Spree und Reichstagsgebäude. 1990.

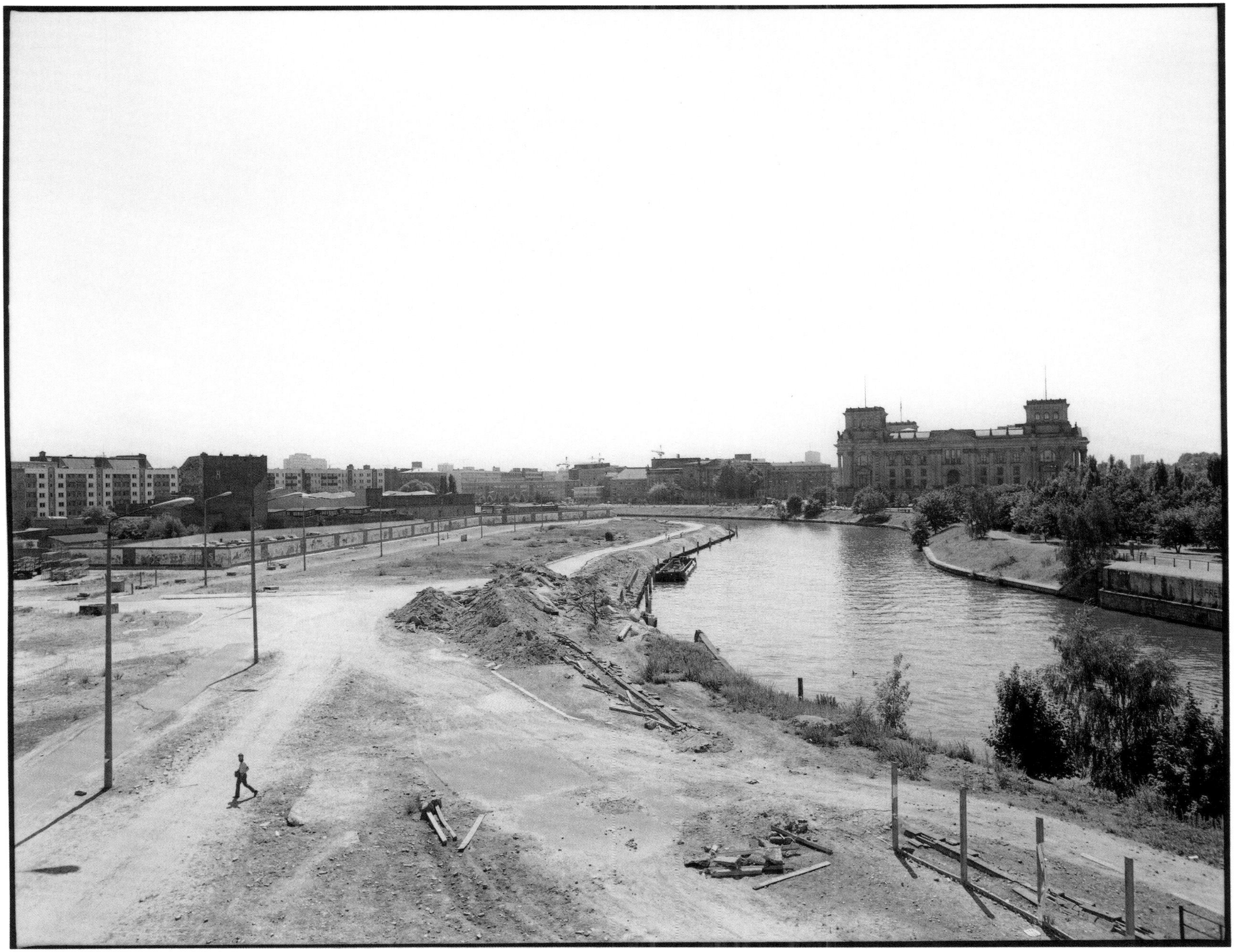

Der Spreebogen

Es gibt wohl keinen anderen Ort in Berlin, an dem so deutlich wird, wie sich die Geschichte im 20. Jahrhundert beschleunigt hat. Die Teilung der Stadt hat den Spreebogen für drei Jahrzehnte zur Brache werden lassen. Davon ist heute nur noch wenig zu erahnen.

Bis ins 19. Jahrhundert hinein lag das Areal vor den Toren Berlins. Die früheren Umrisse der Stadt sind heute manchmal nur noch indirekt erkennbar. Die Unterbaumstraße beispielsweise hat ihren Namen von einem Baum, der früher auf der Spree das »untere« Ende der Stadt markierte – so wie die Oberbaumbrücke zwischen Kreuzberg und Friedrichshain noch heute an das »obere« Ende der Stadt erinnert.

Das Reichstagsgebäude, das 1894 eröffnet worden war, lag mithin am Rand der Stadt. Nach dem Mauerfall und der Verlegung des Regierungssitzes nach Berlin sollte der Parlamentsbau ins Zentrum rücken. Gebaut wurde ein »Band des Bundes«, bestehend aus den Bundestagsgebäuden Marie-Elisabeth-Lüders-Haus und Paul-Löbe-Haus sowie dem Bundeskanzleramt. Die quer zum »Band des Bundes« stehende Plattenbebauung am südlichen Ende der Luisenstraße wurde abgerissen.

Der imposante Hauptbahnhof begrenzt das städtebauliche Ensemble nach Norden. Lediglich der unbebaute Bereich rund um den Humboldthafen, zwischen Hauptbahnhof und Charité, erinnert noch an die einstige Brache. Am 24. August 1961 wurde hier der 24-jährige Günter Litfin getötet, als er versuchte, den Hafen zu durchschwimmen. Litfin war das erste Maueropfer, das durch Schüsse ums Leben kam.

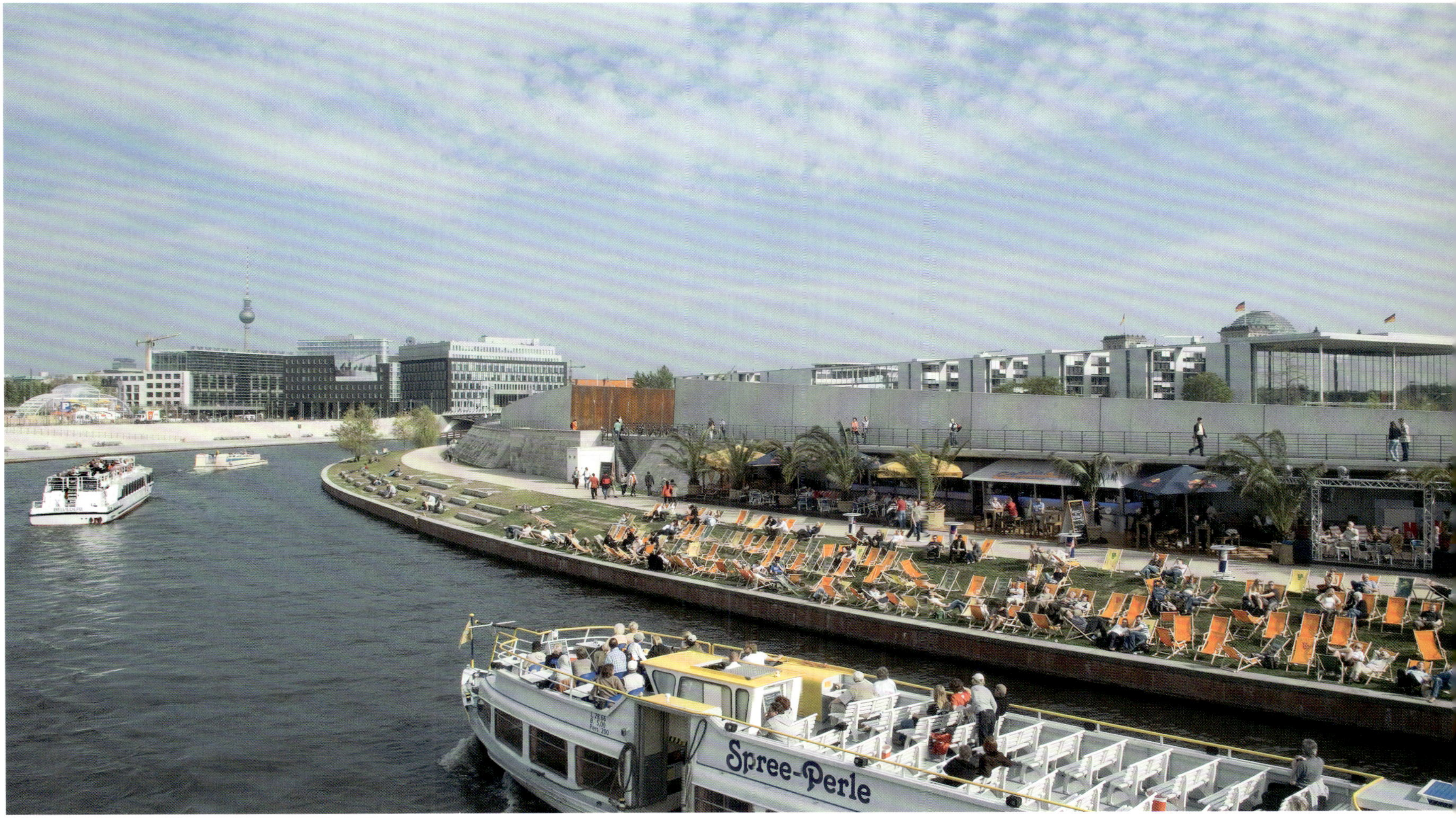

Tiergarten/Mitte. Ludwig-Erhard-Ufer, links Unterbaumstraße und Fernsehturm. 2007.

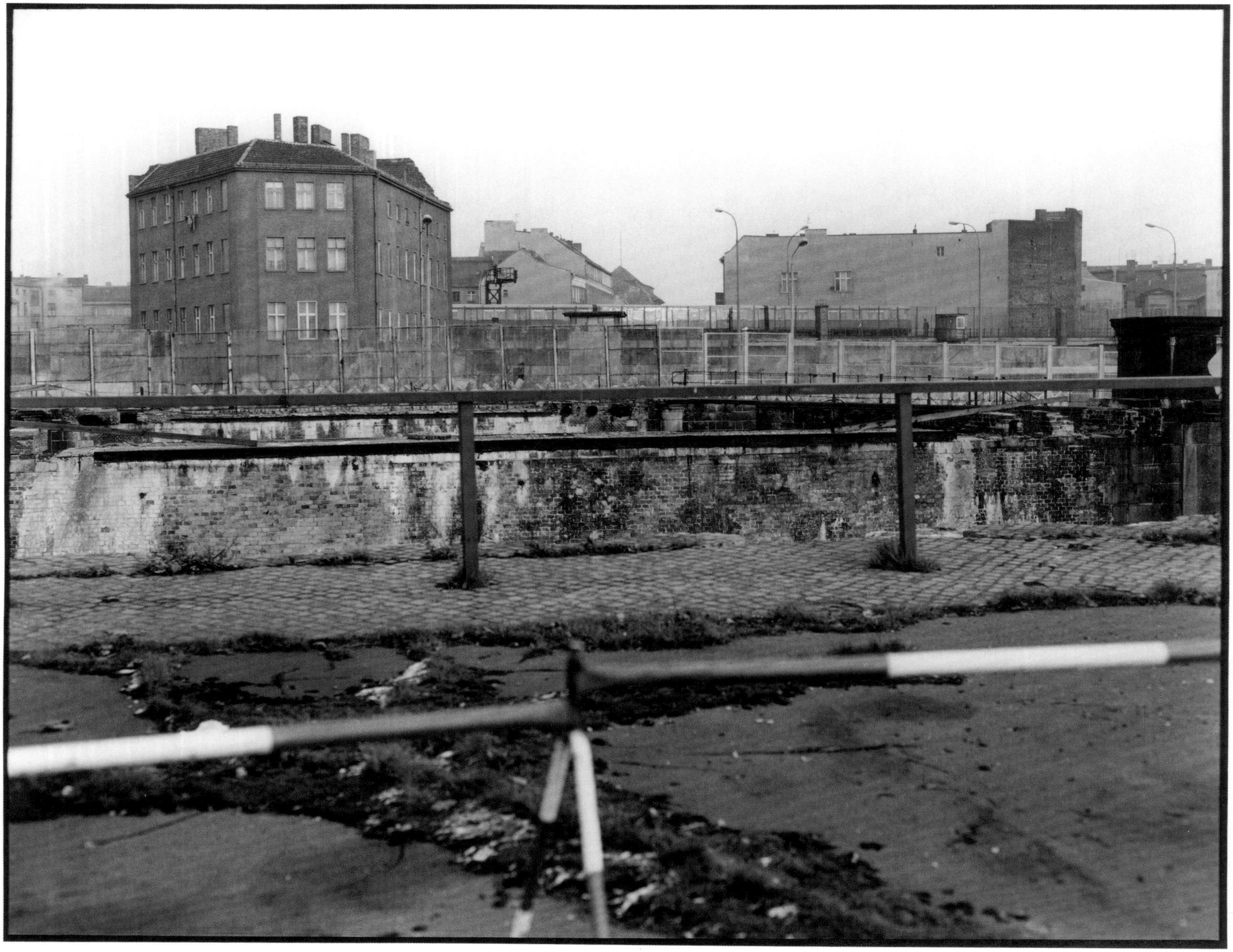

 Tiergarten/Mitte. Kronprinzenufer, Unterbaumstraße, Reinhardtstraße, im Vordergrund die Ufermauern der Spree und die Widerlager der Kronprinzenbrücke. 1976.

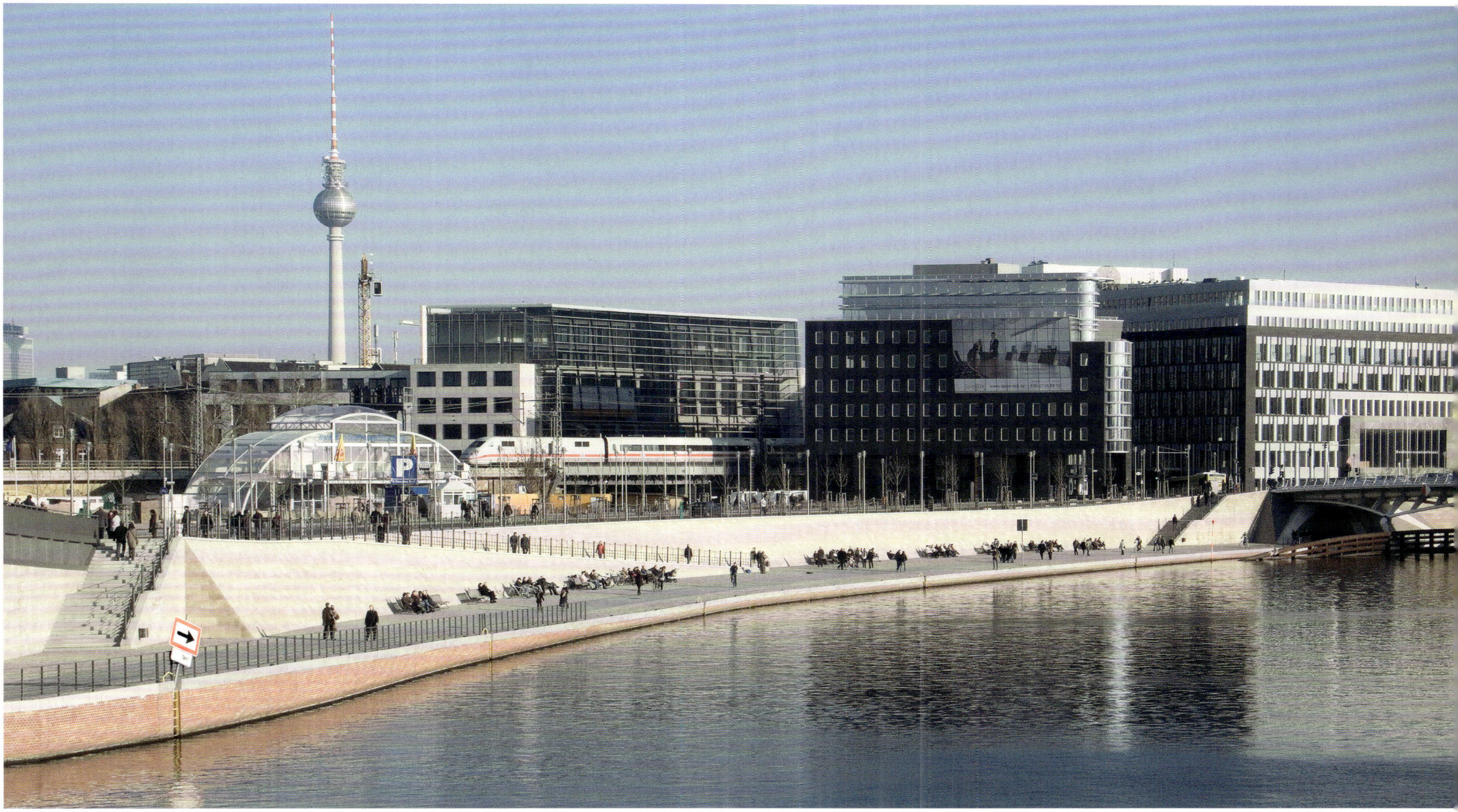

Tiergarten/Mitte. Stadtbahn, Unterbaumstraße, Reinhardtstraße, Kronprinzenbrücke. 2007.

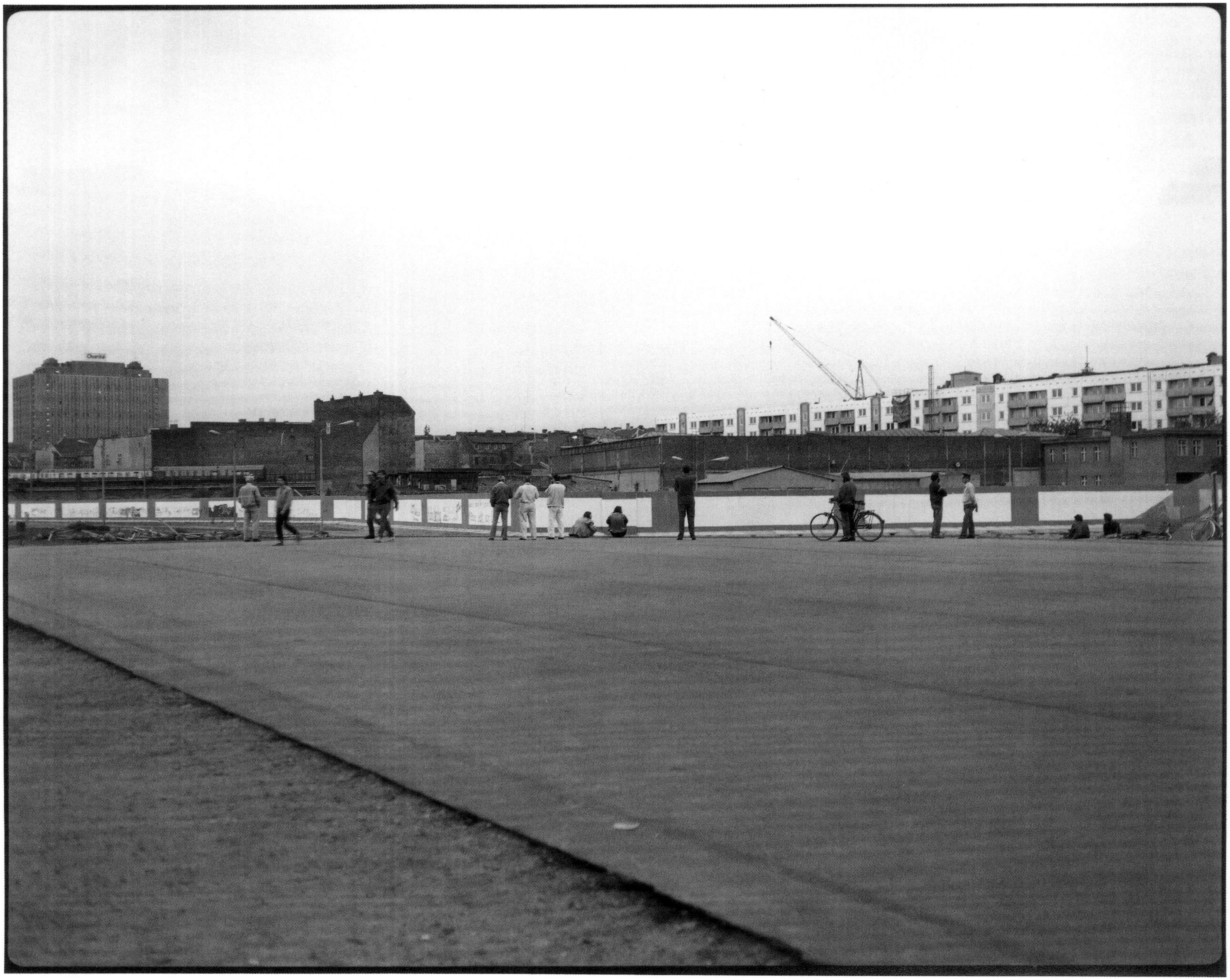

 Tiergarten/Mitte. Reichstagsufer, im Vordergrund die Ufermauern der Spree. 1990.

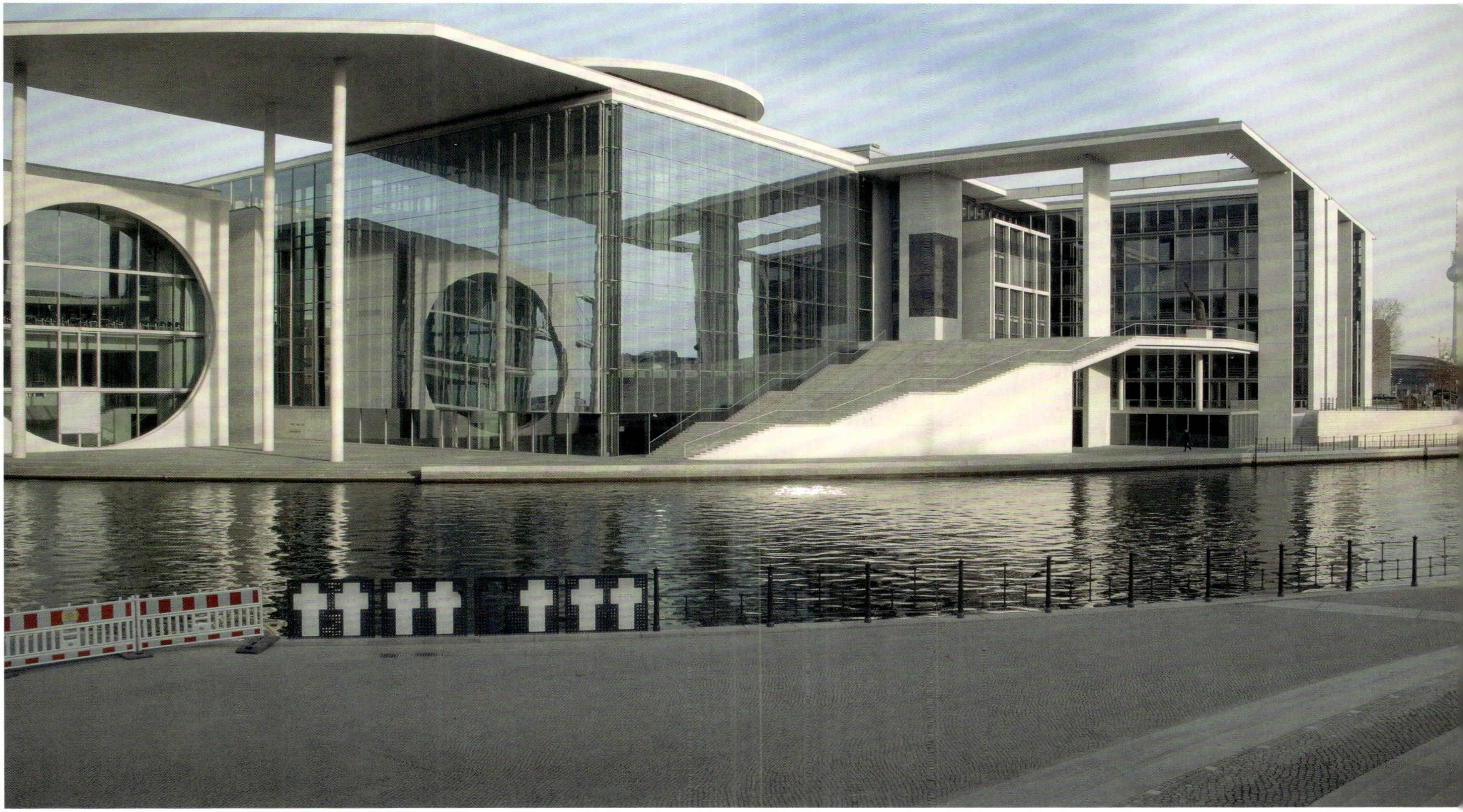

Tiergarten/Mitte. Reichstagsufer, Blick über die Spree auf das Marie-Elisabeth-Lüders-Haus. 2007.

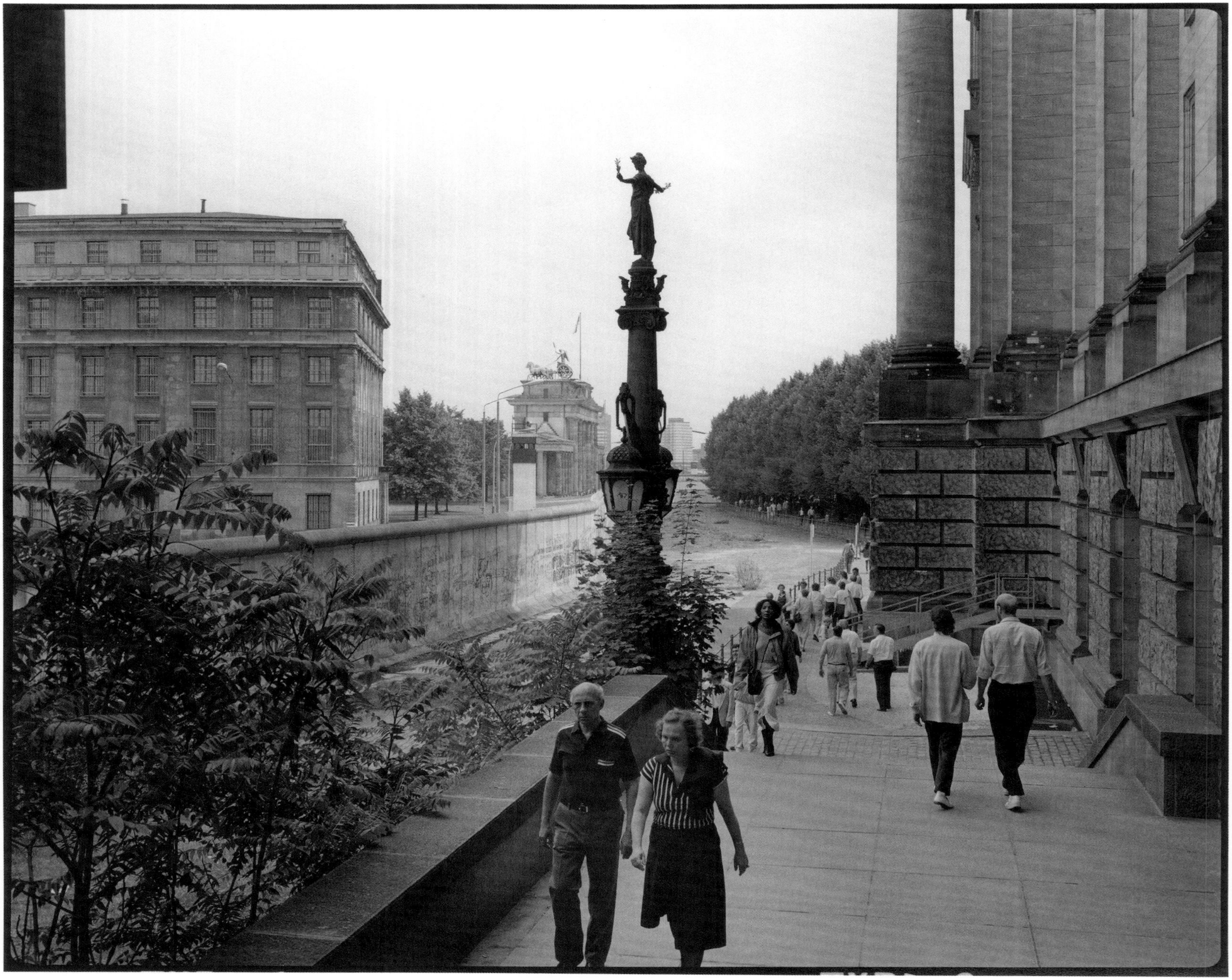

 Tiergarten/Mitte. Ebertstraße, Blick nach Süden. 1987 und 2007.

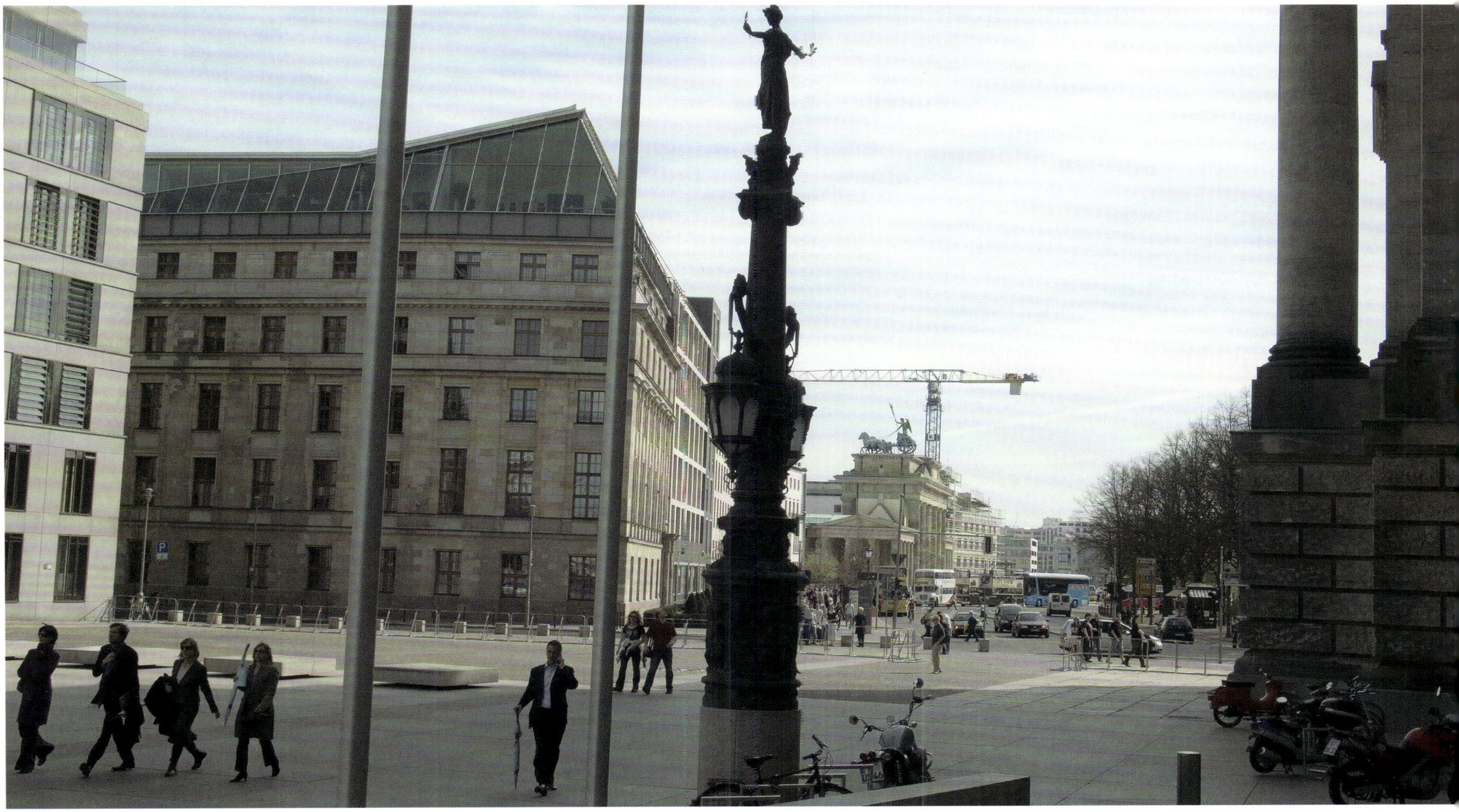

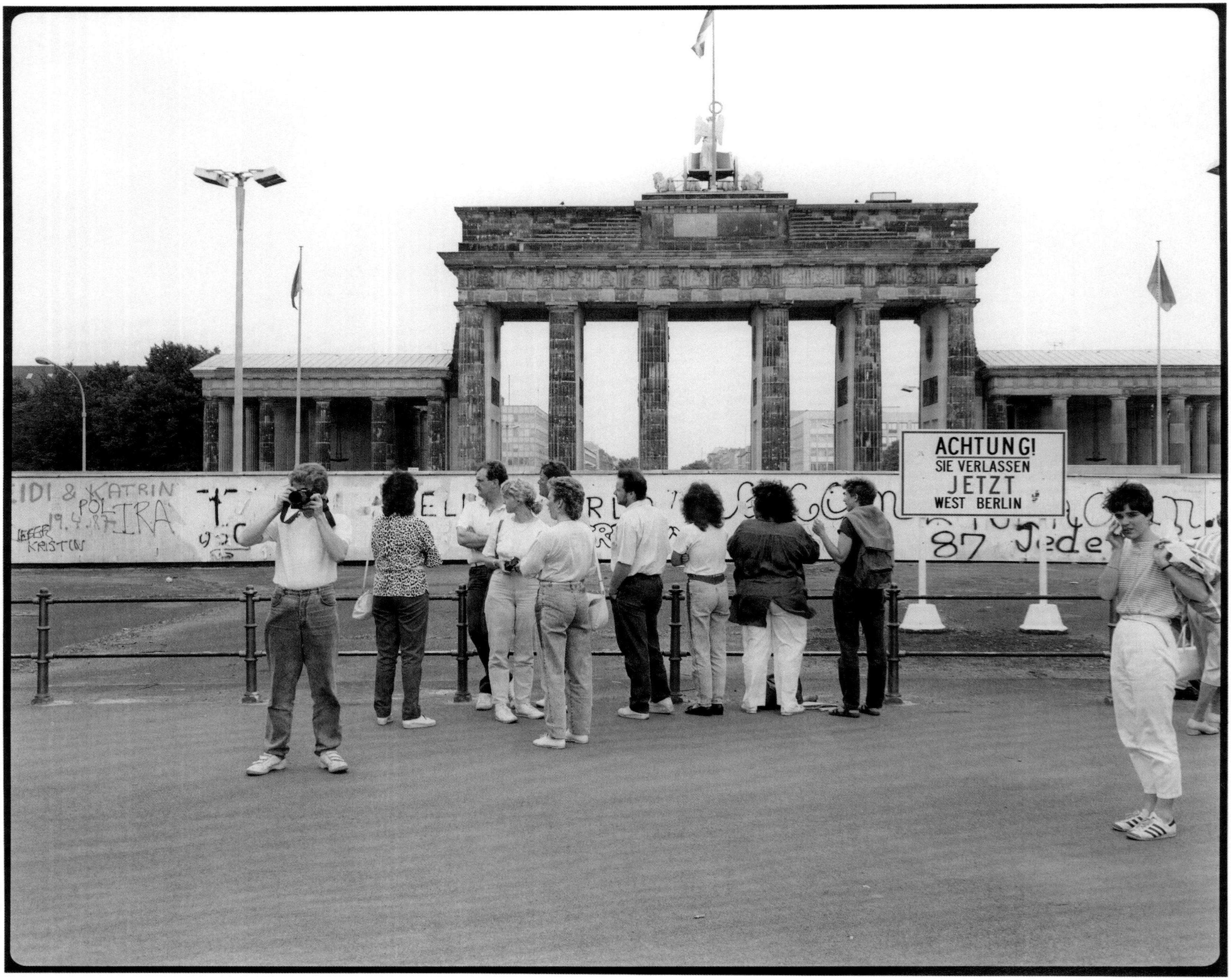

 Tiergarten/Mitte. Brandenburger Tor. 1986 und 2007.

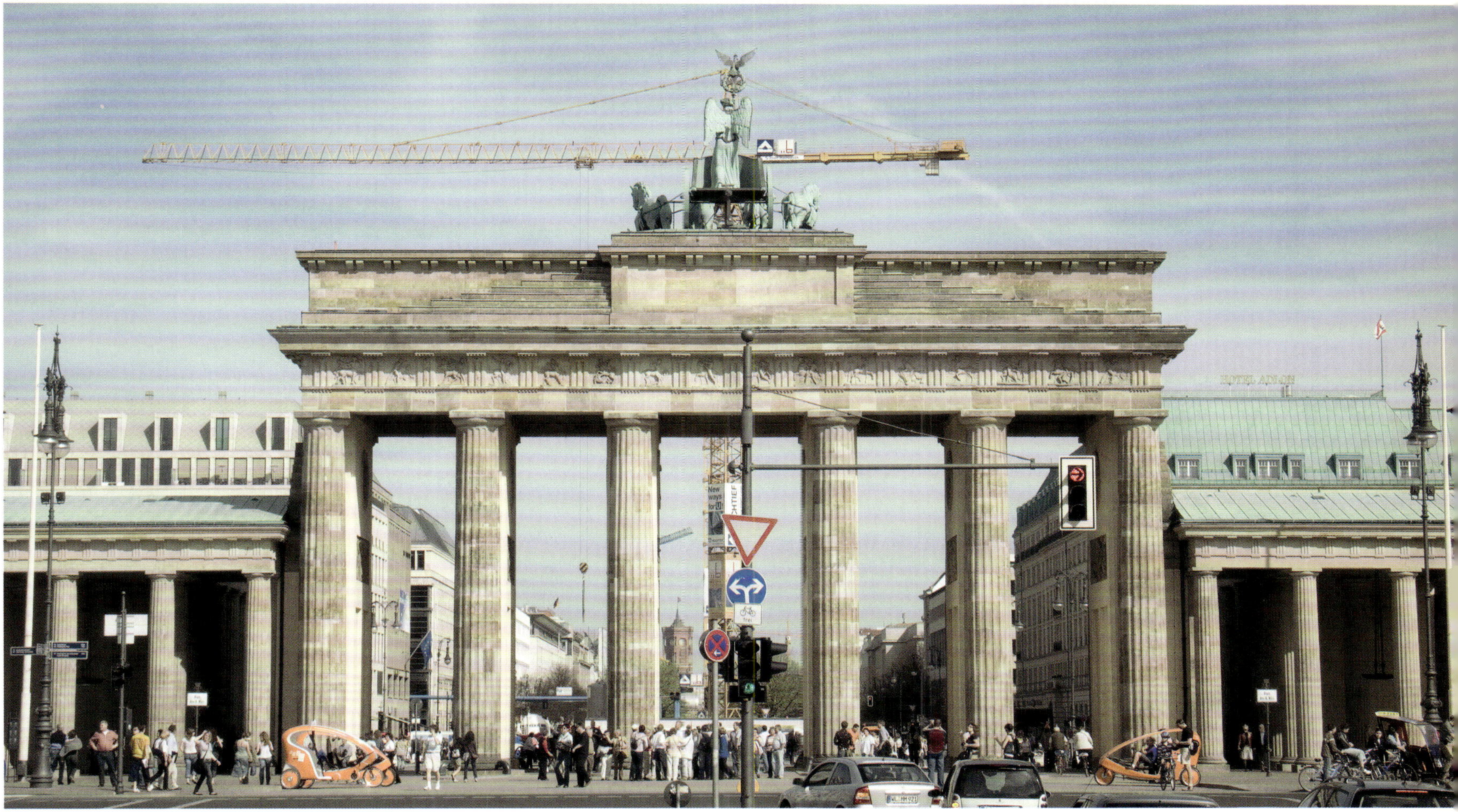

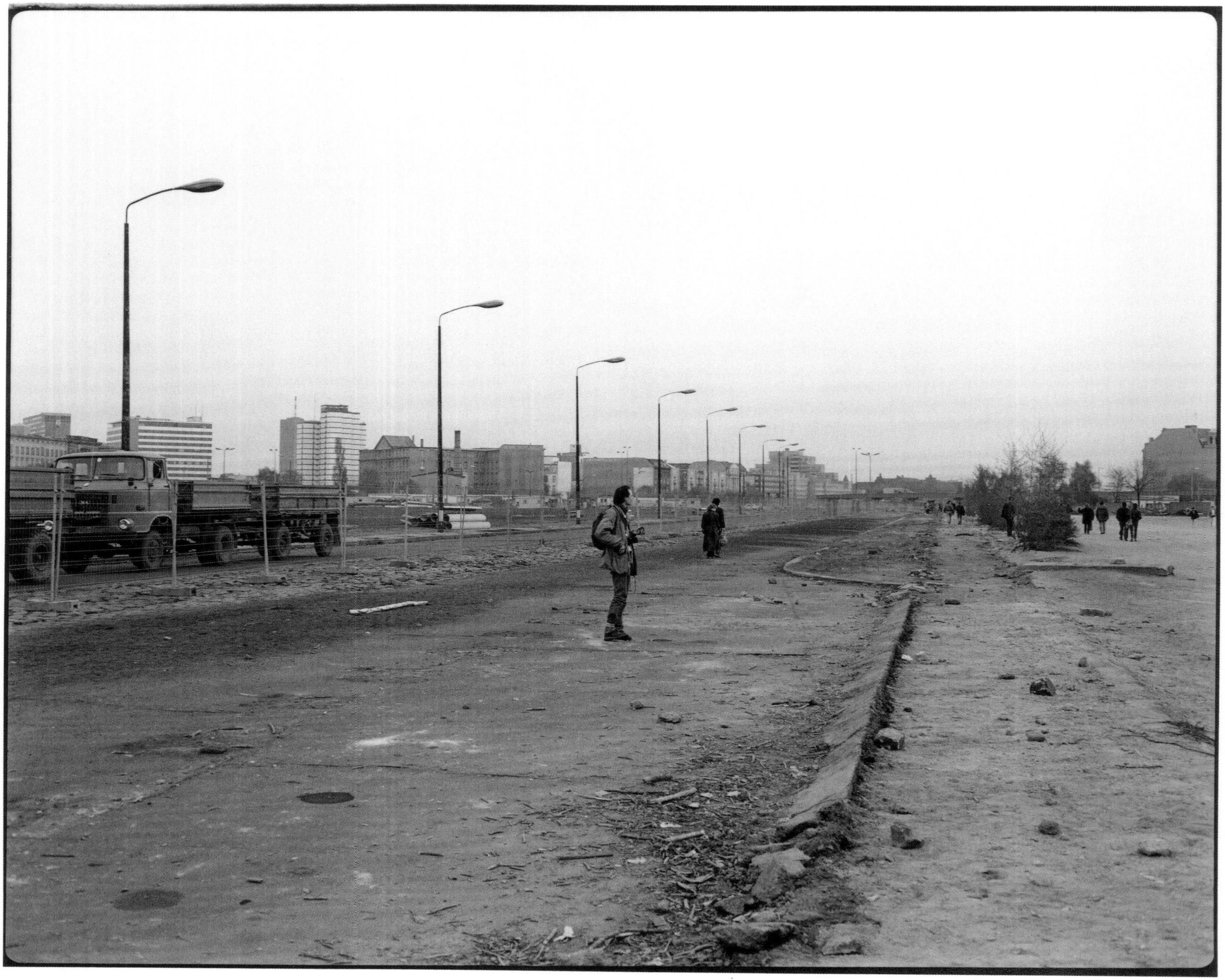

 Mitte/Tiergarten. Ebertstraße, Blick nach Süden auf den Potsdamer Platz. 1990 und 2007.

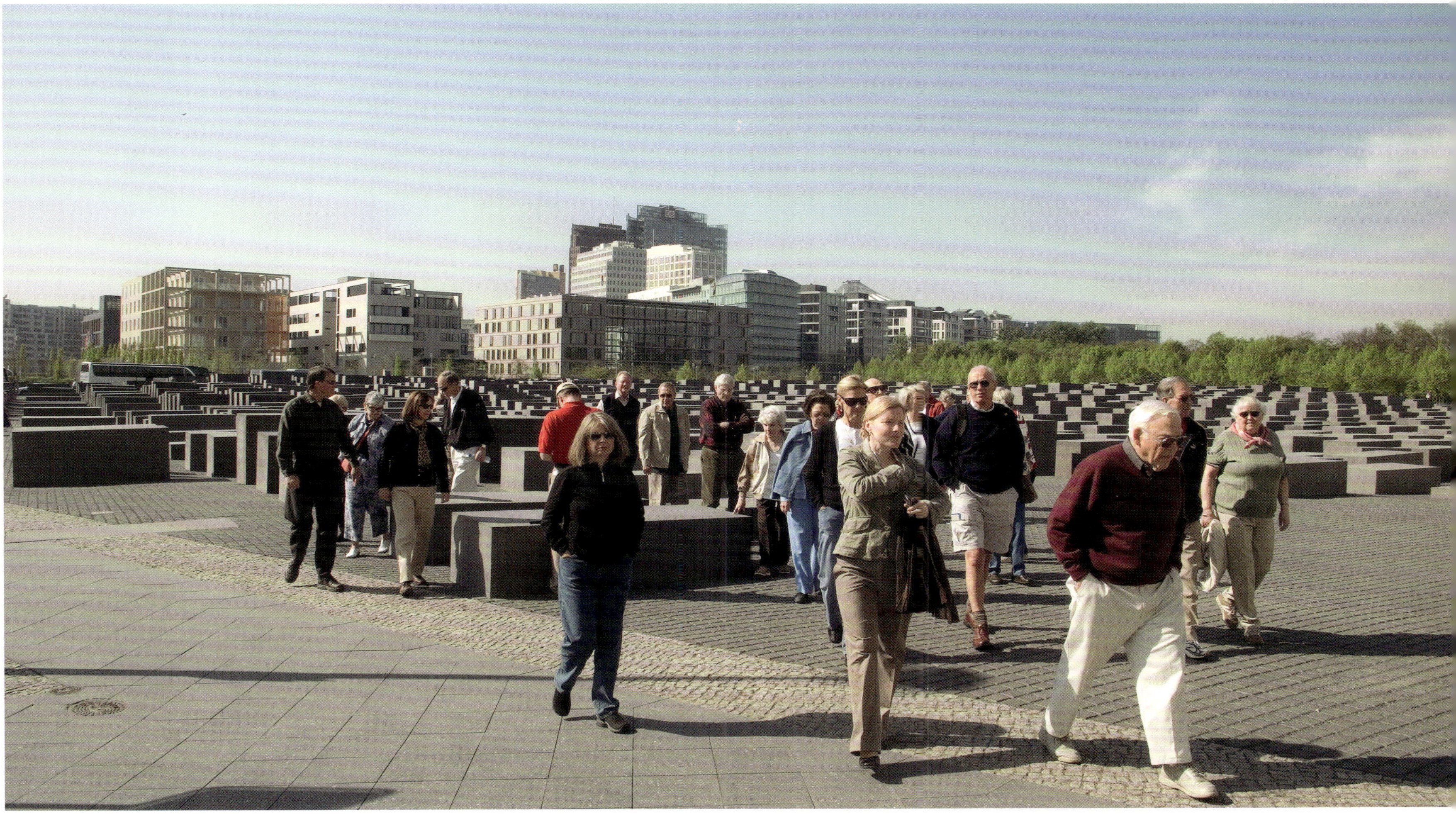

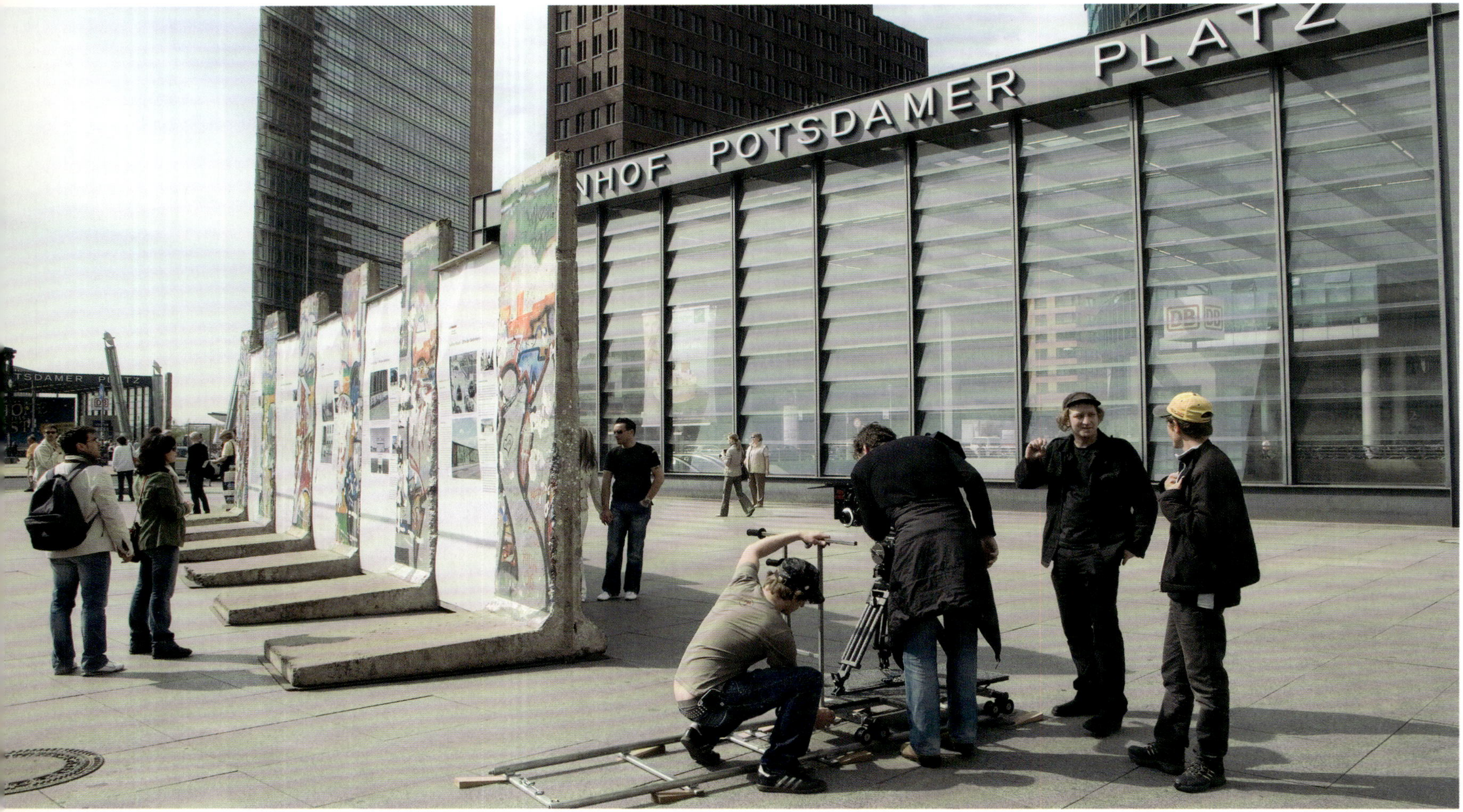

 Tiergarten. Potsdamer Platz. 2007 und 1976.

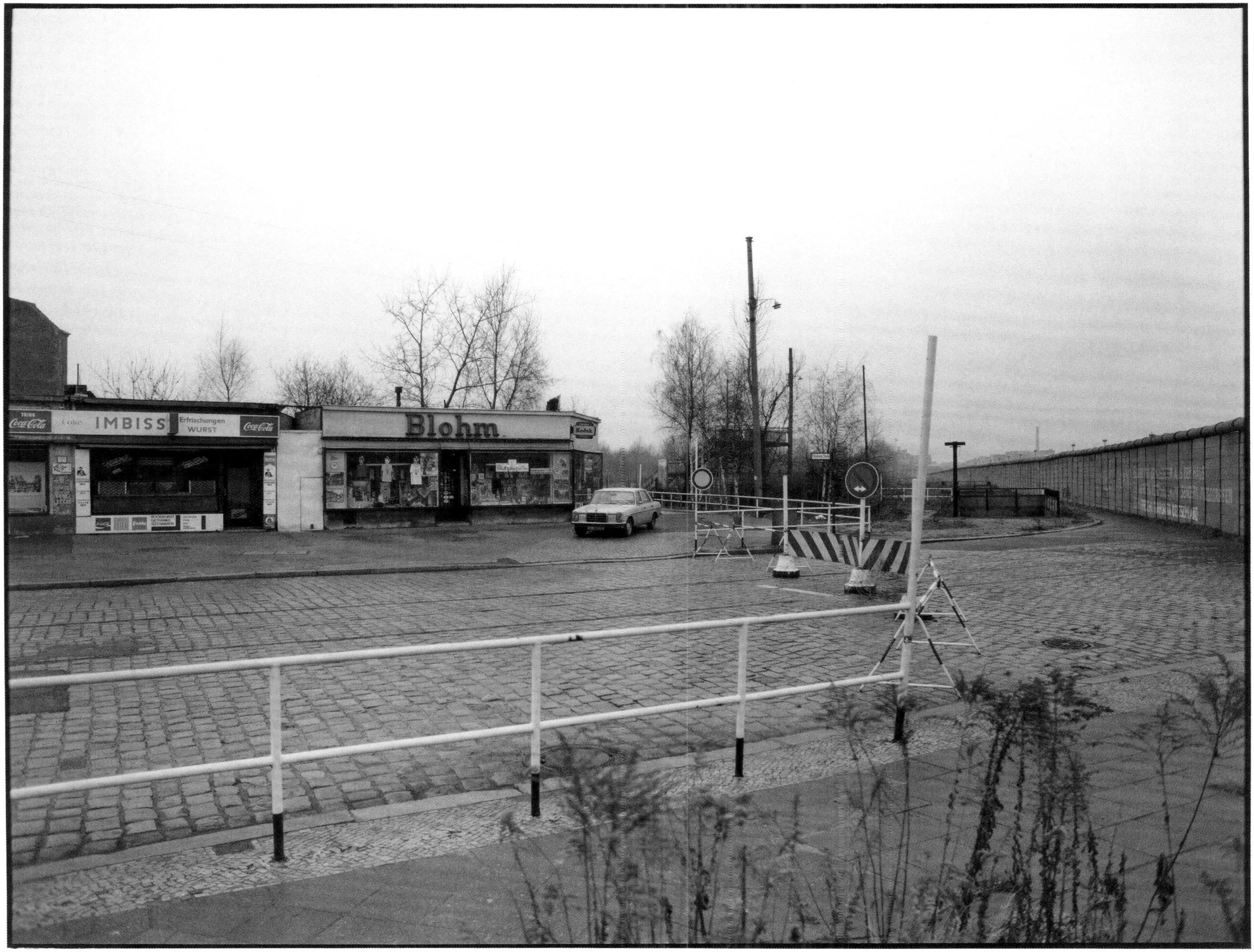
TRINK
Coca-Cola
Coke
IMBISS
Erfrischungen
WURST
Coca-Cola
Blohm
Kodak

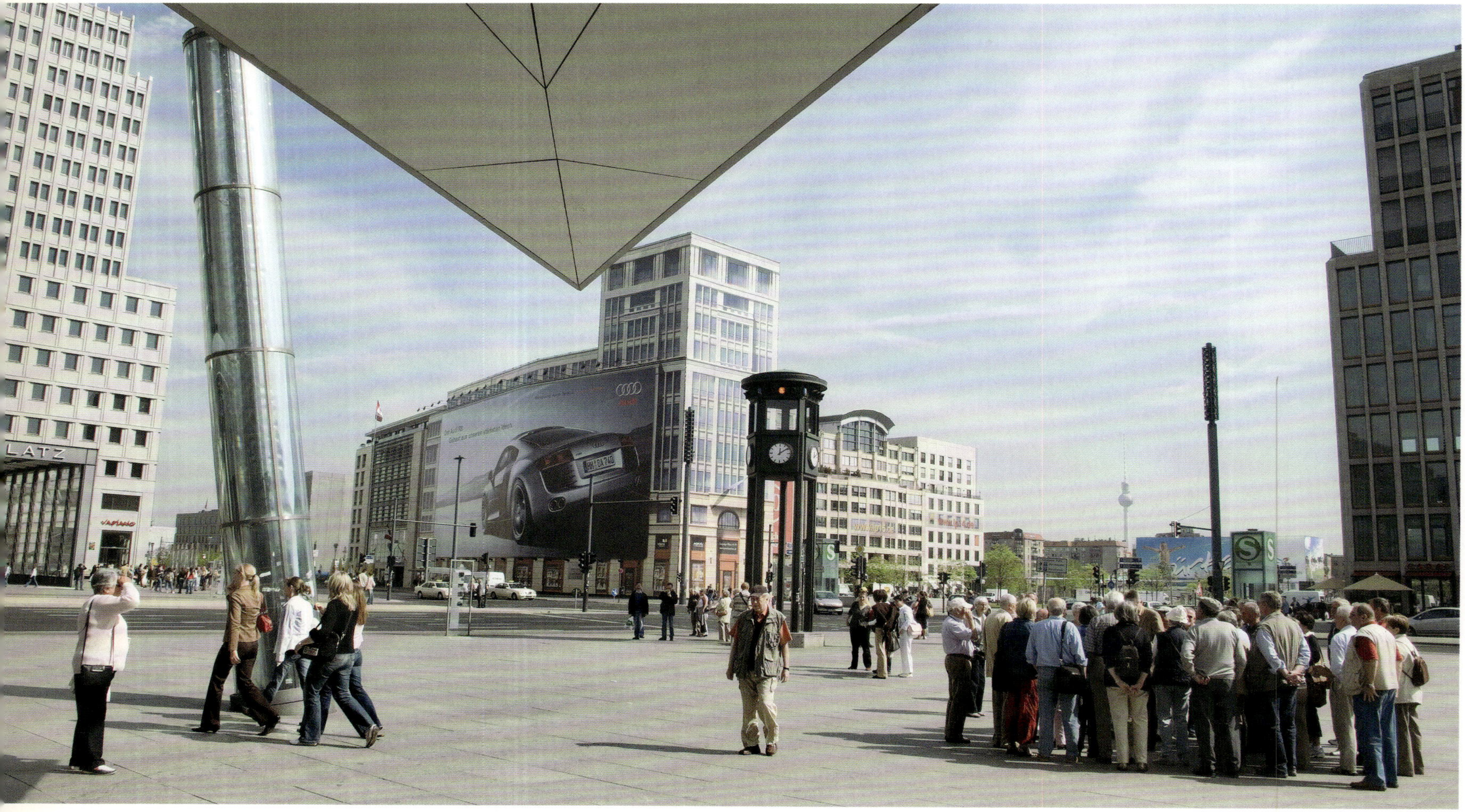

 Tiergarten/Mitte. Potsdamer Platz, Leipziger Platz. 2007 und 1989.

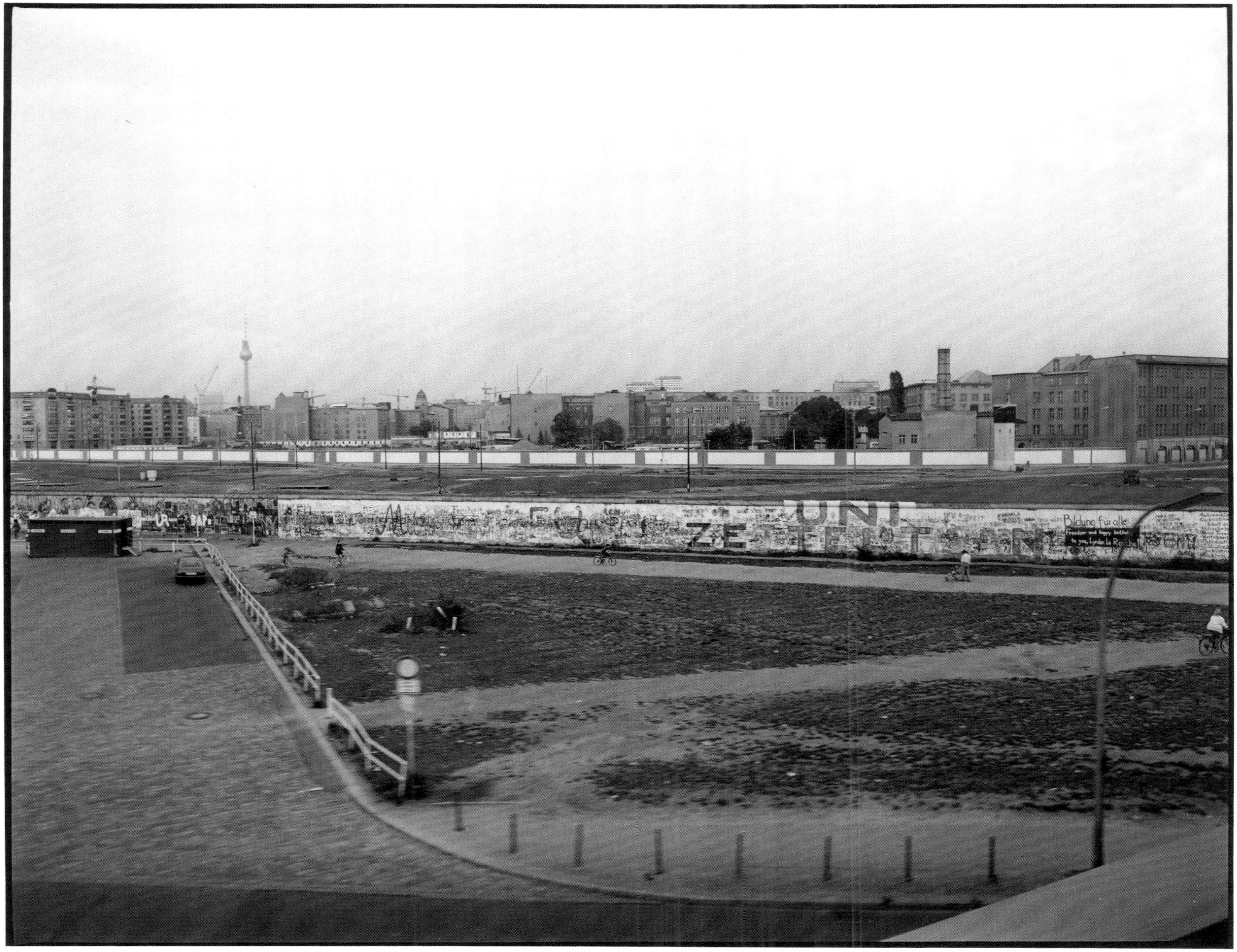
Bildung für alle

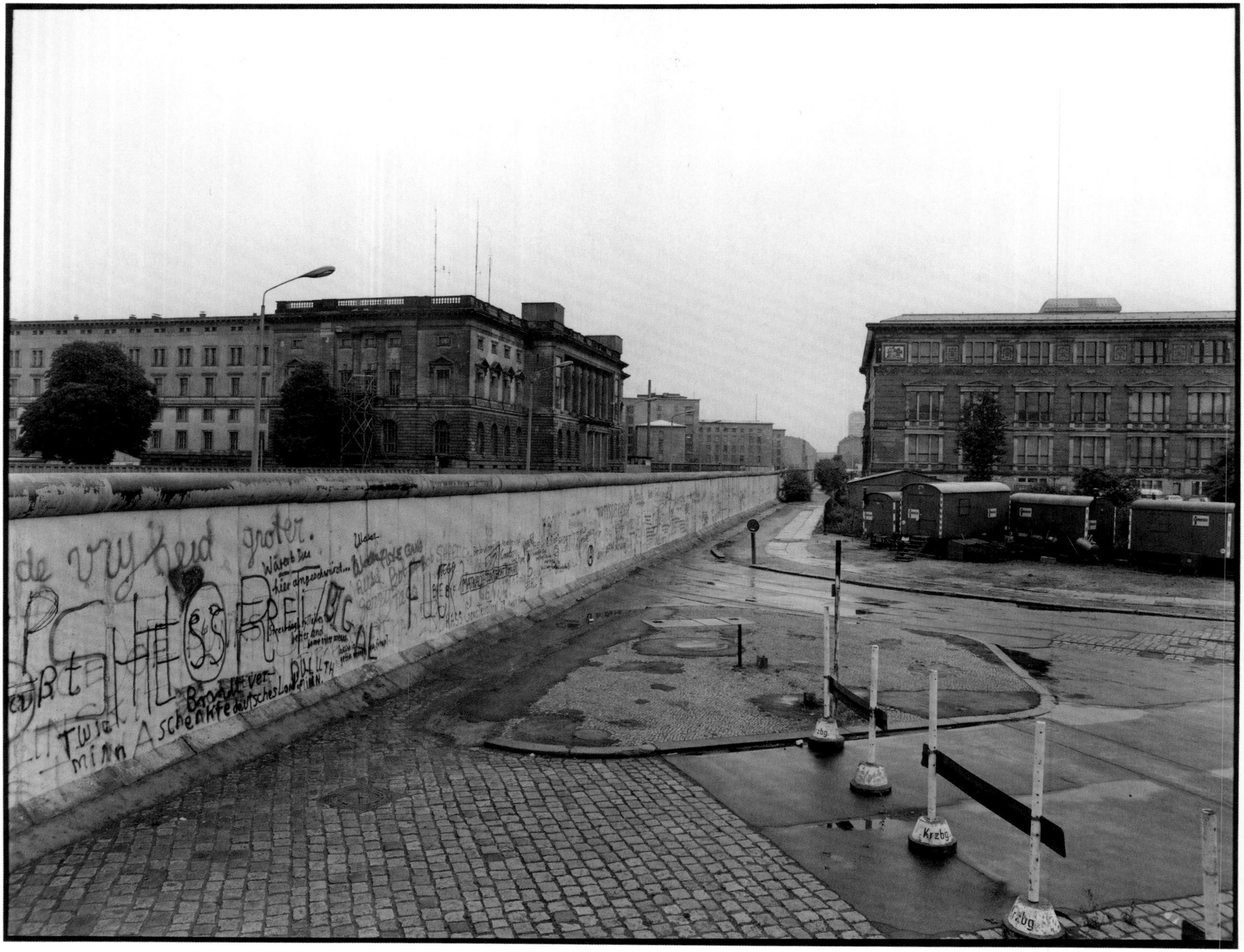

 Kreuzberg/Mitte. Niederkirchnerstraße. 1982 und 2007.

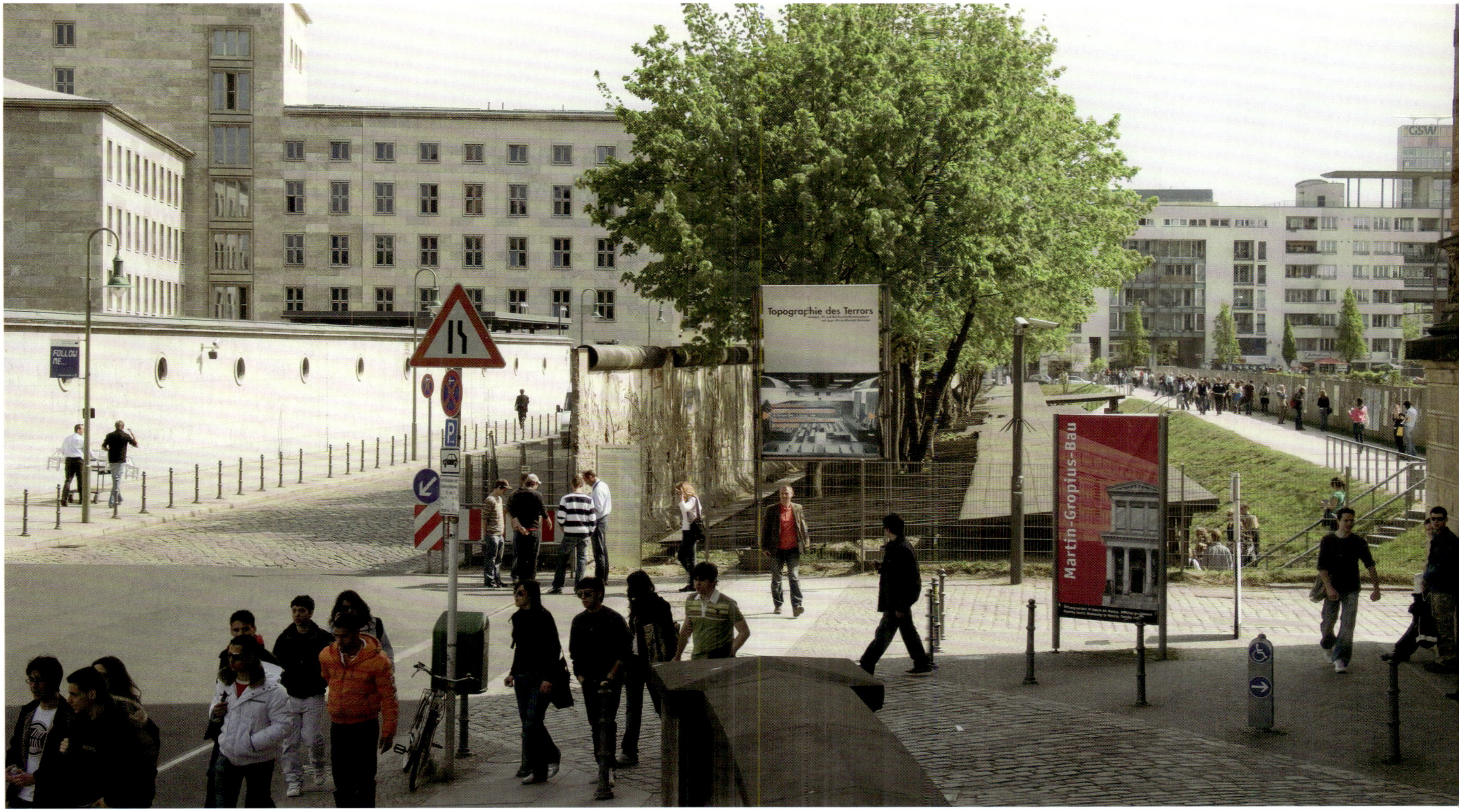
Topographie des Terrors
Martin-Gropius-Bau
GSW

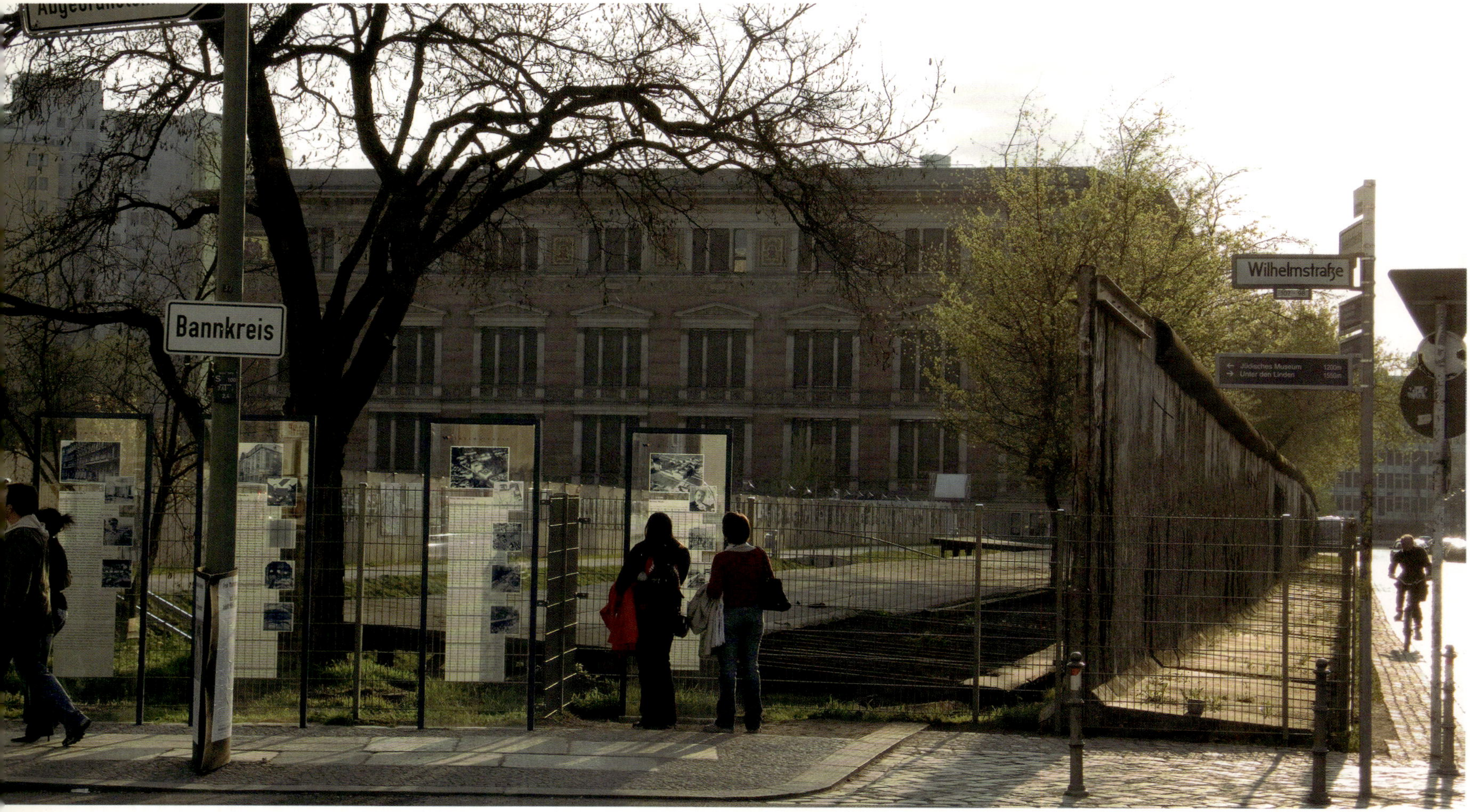

 Kreuzberg. Wilhelmstraße, Ecke Niederkirchnerstraße. 2007 und 1988.

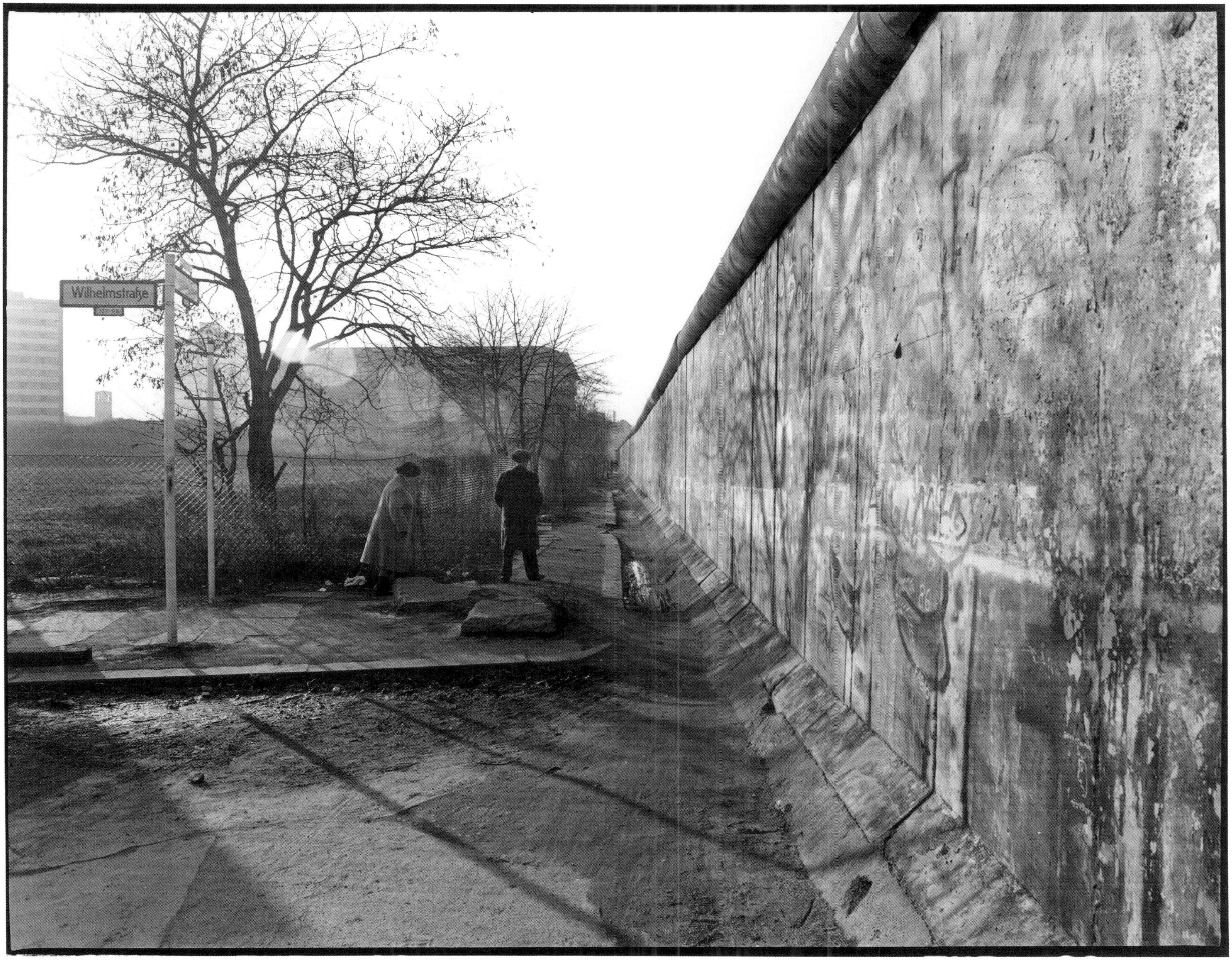
Wilhelmstraße

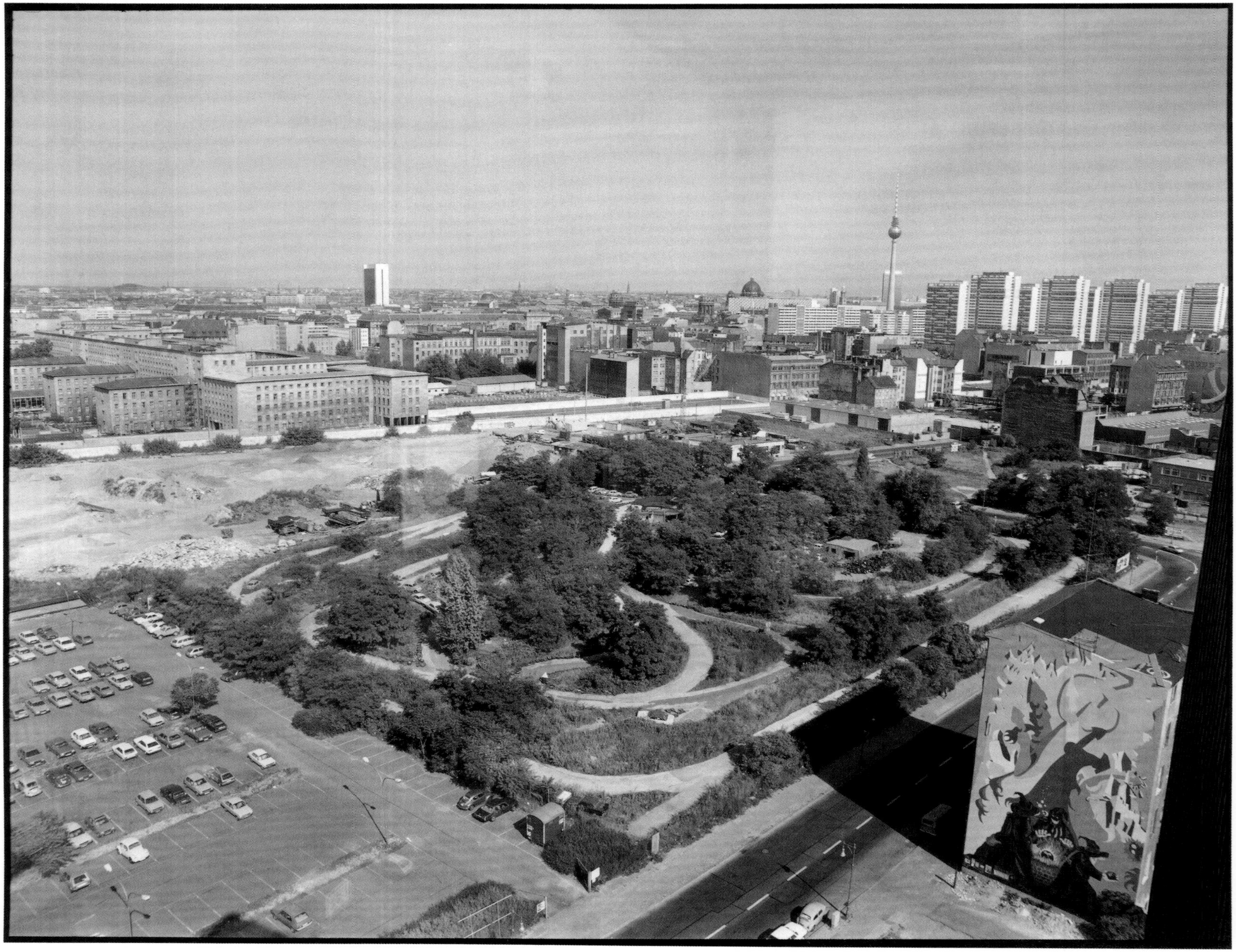

 Kreuzberg/Mitte. Blick aus dem Fahrstuhl vom Hochhaus am Anhalter Bahnhof auf das Gelände Niederkirchnerstraße/Wilhelmstraße/Anhalter Straße. 1989.

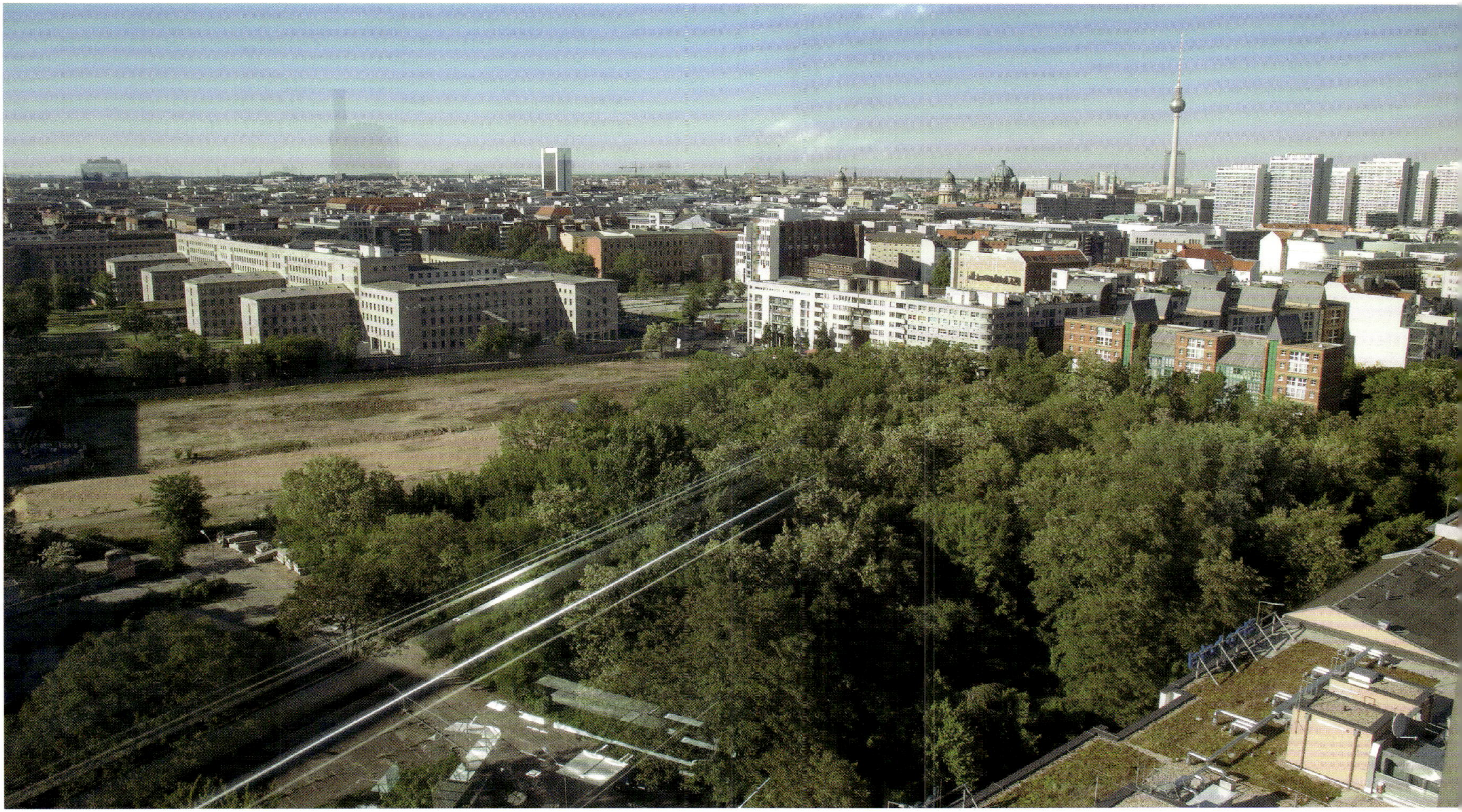

Kreuzberg/Mitte. Blick auf das Gelände »Topografie des Terrors«. 2007.

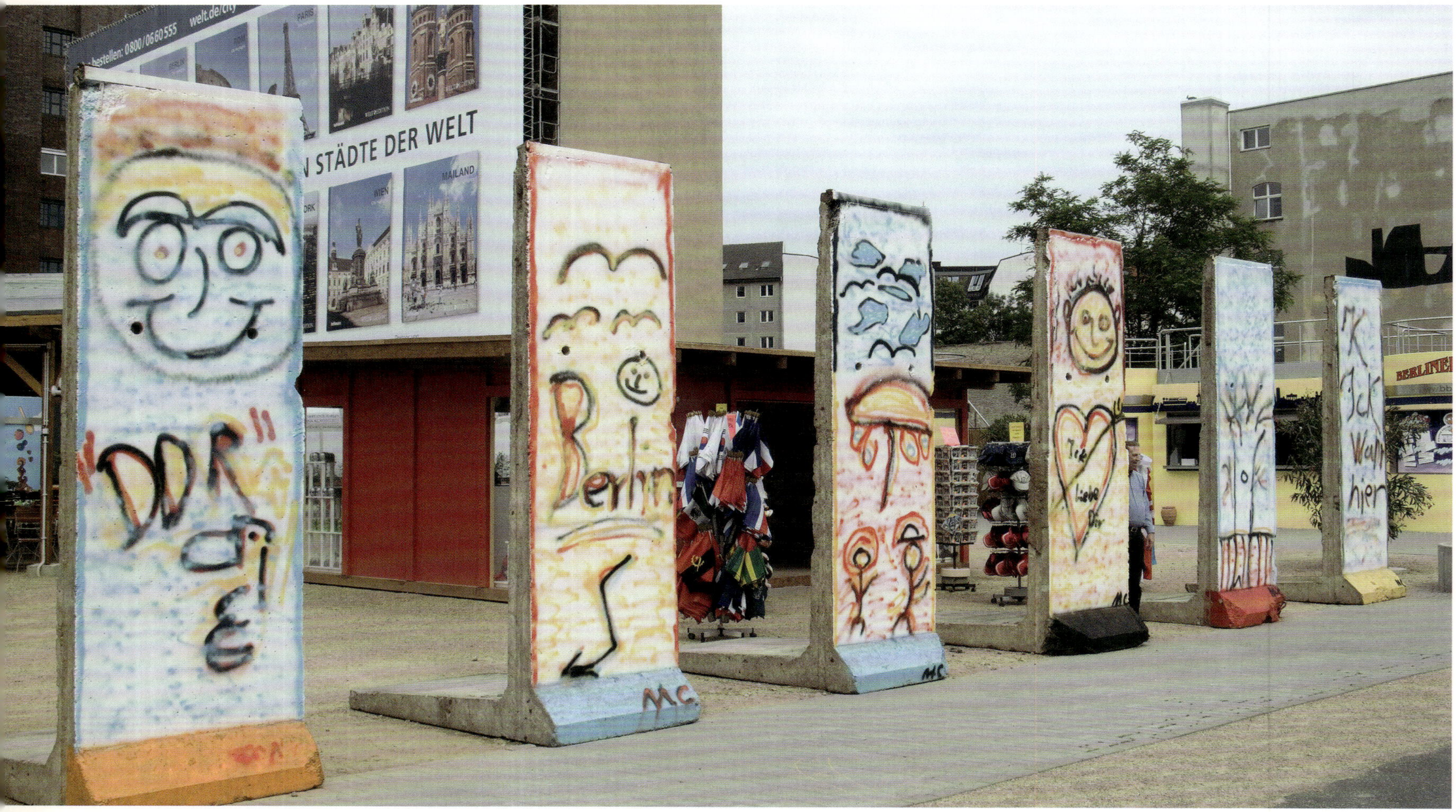

 Kreuzberg/Mitte. Zimmerstraße. 2007 und 1986.

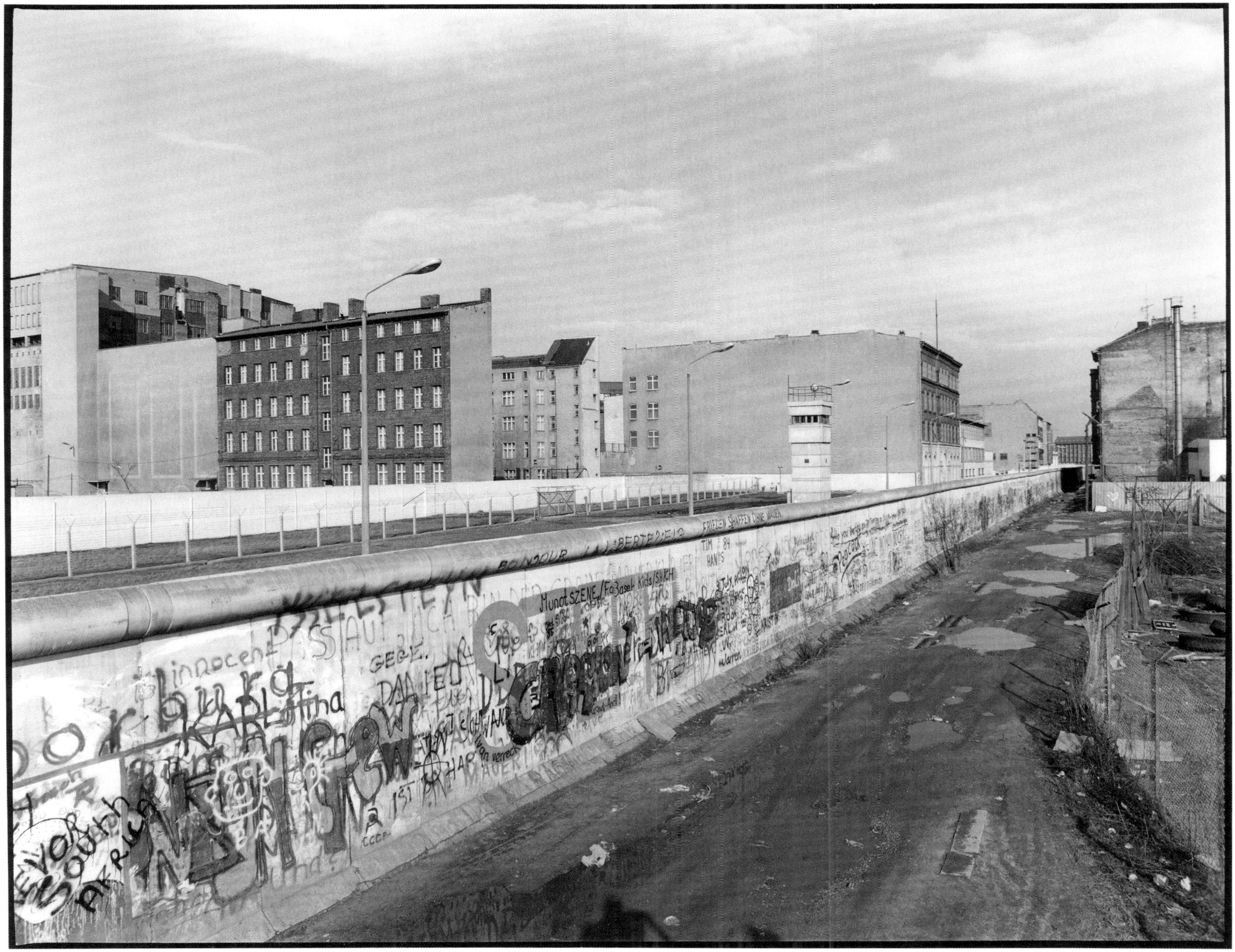
innocent
GEGE
Munot SZENE
Basel Kids
TIM 84
SOUTH AFRICA

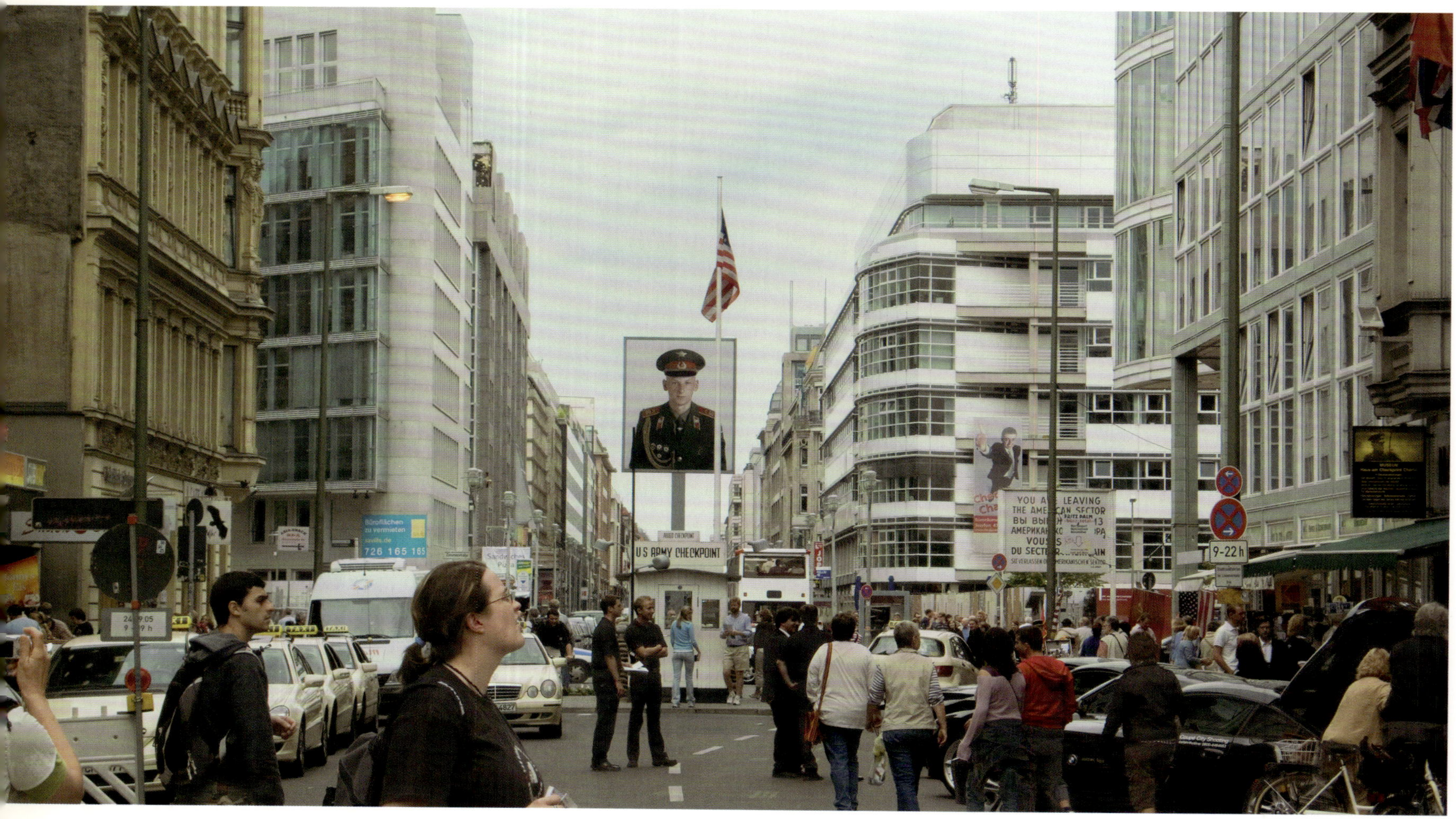

 Kreuzberg/Mitte. Friedrichstraße, Checkpoint Charlie. 2007 und 1982.

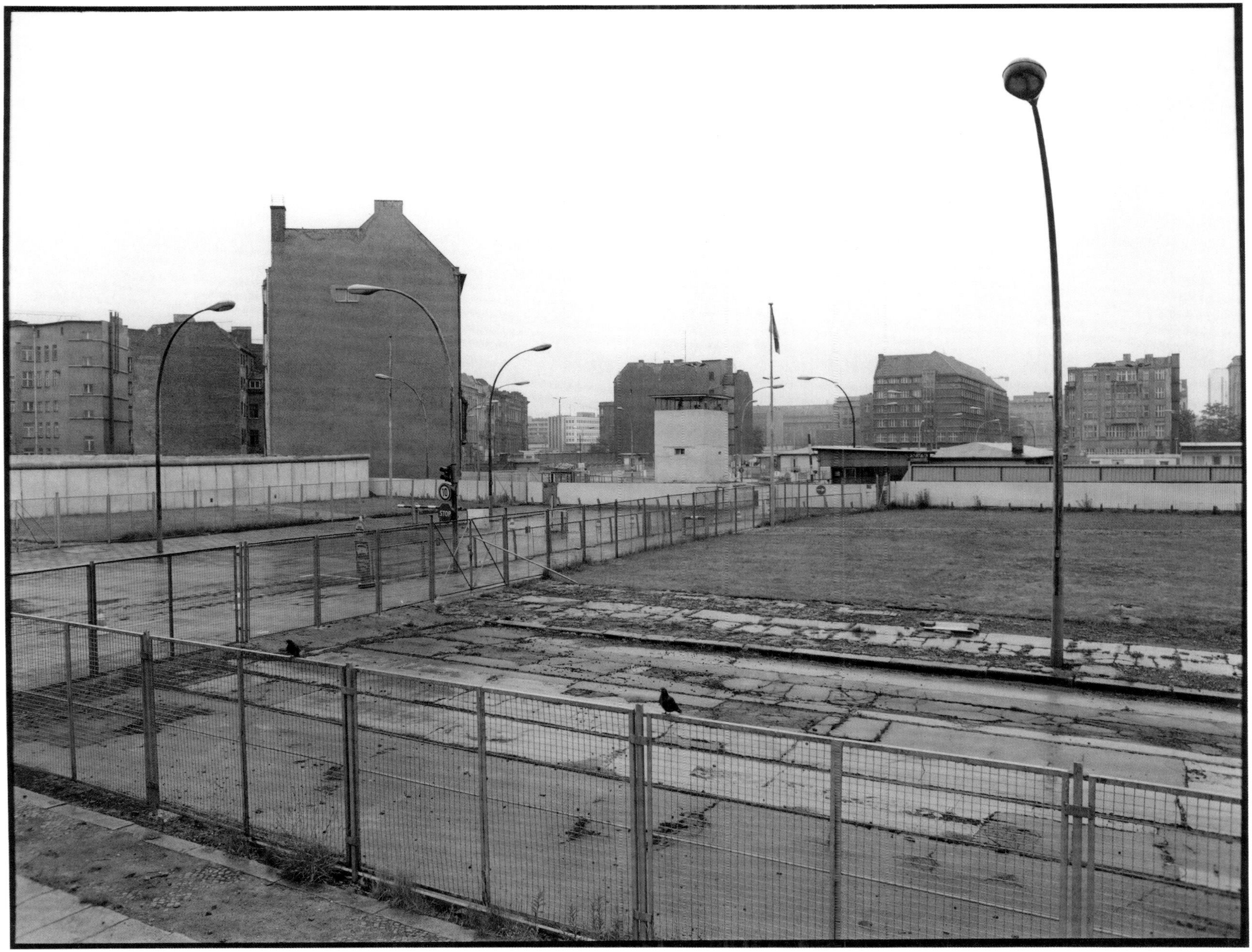
10
STOP

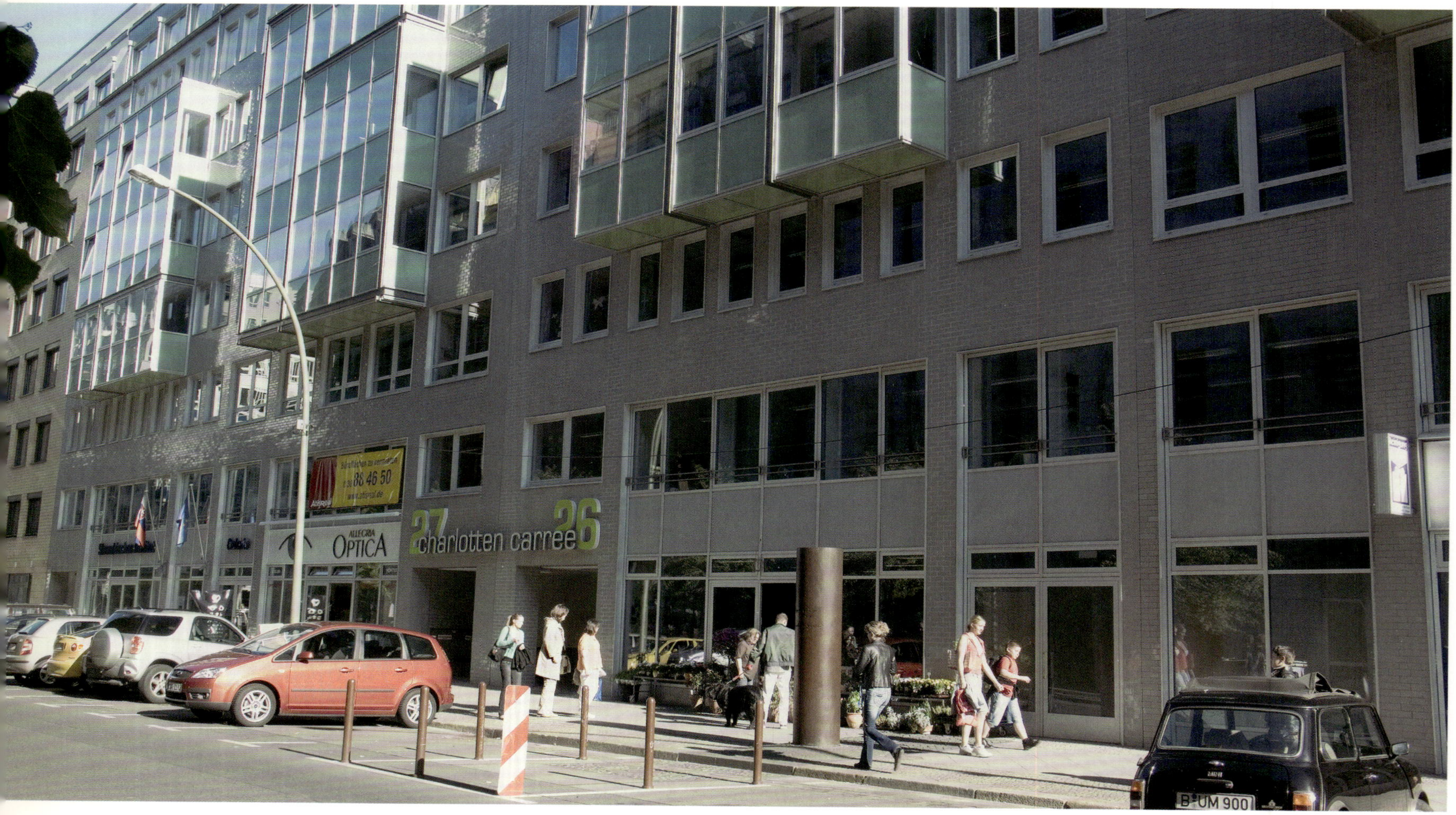

Kreuzberg. Zimmerstraße, Peter-Fechter-Mahnmal. 2007 und 1990.

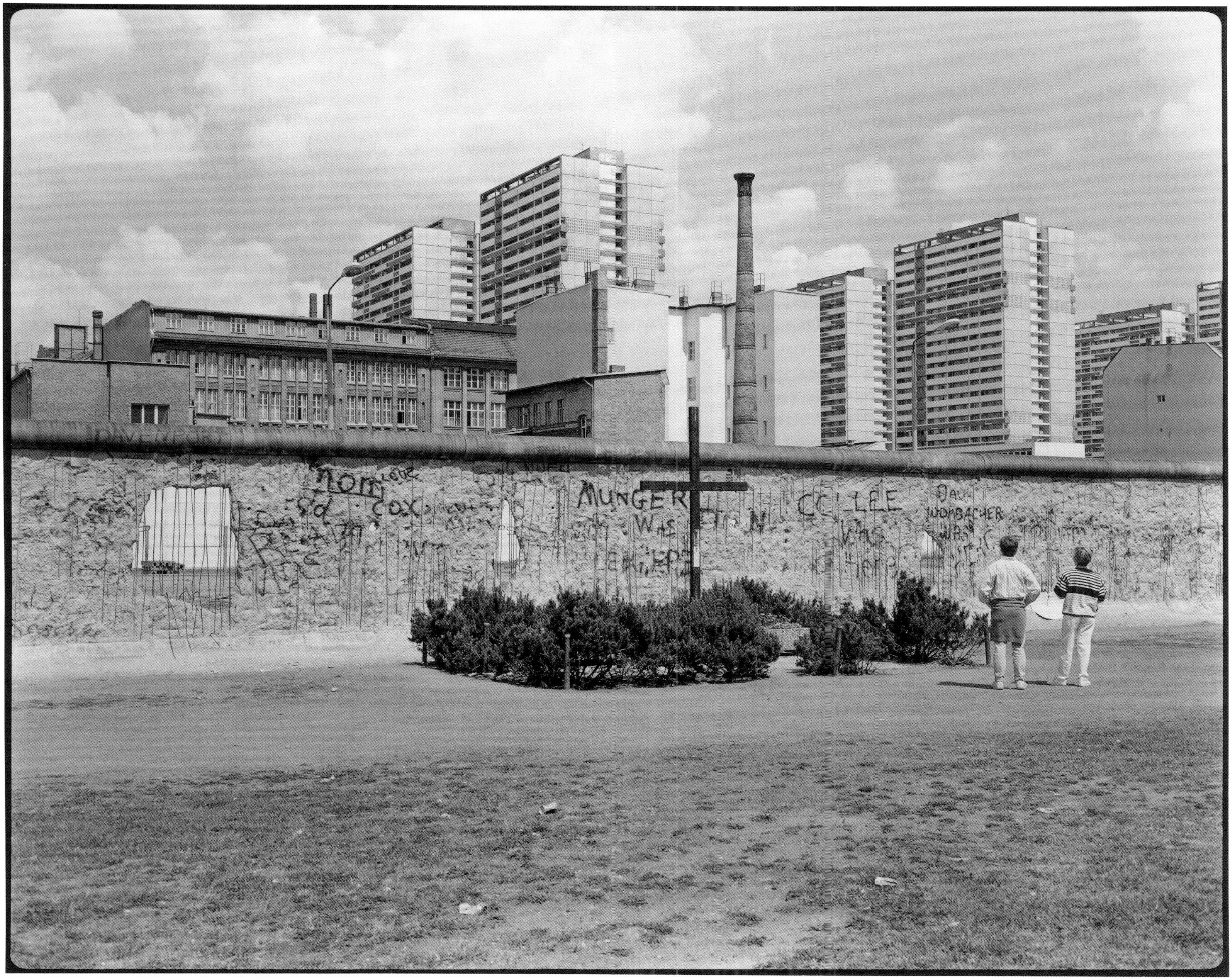
MUNGER
COX

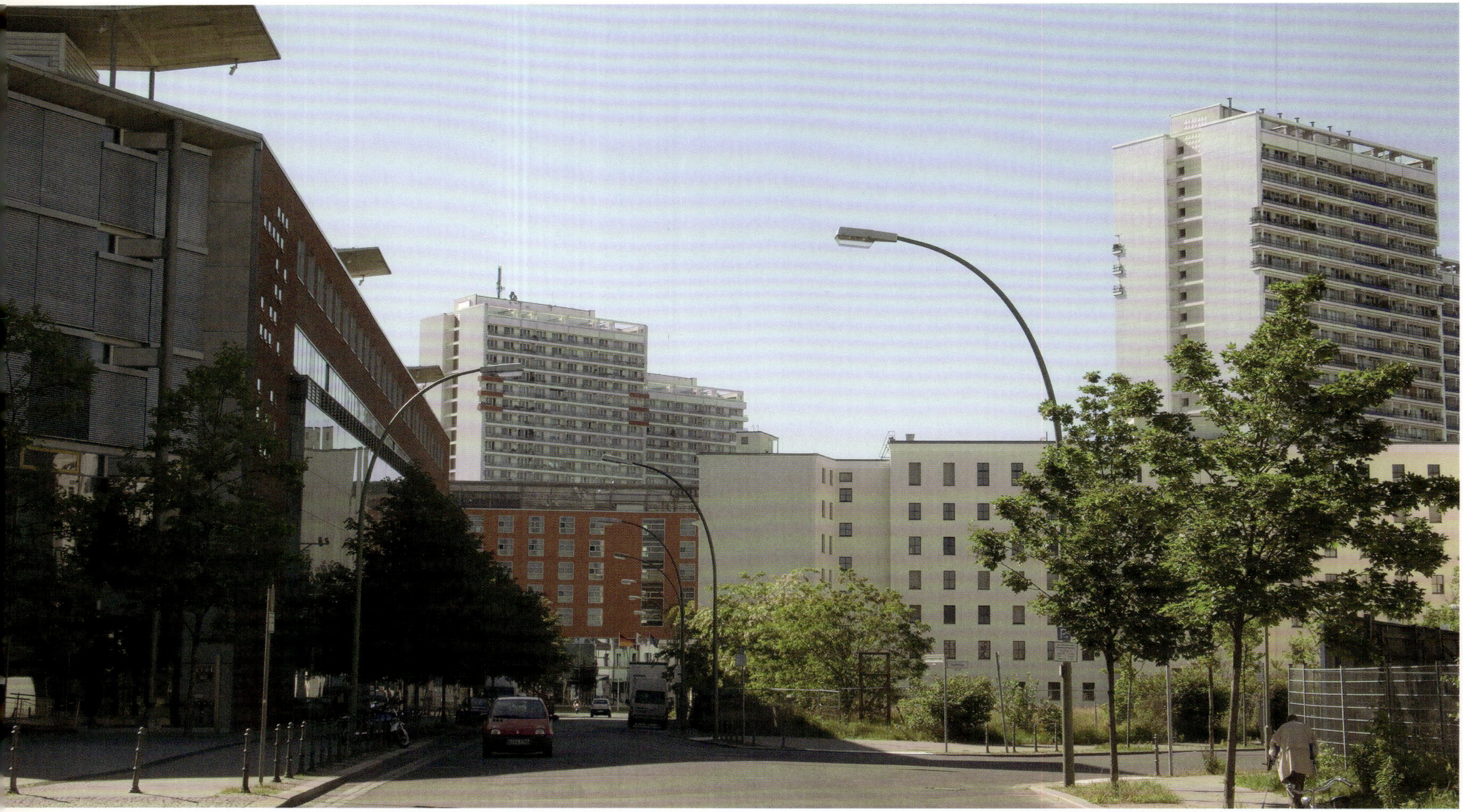

 Kreuzberg/Mitte. Kommandantenstraße, im Hintergrund die Leipziger Straße. 2007 und 1976.

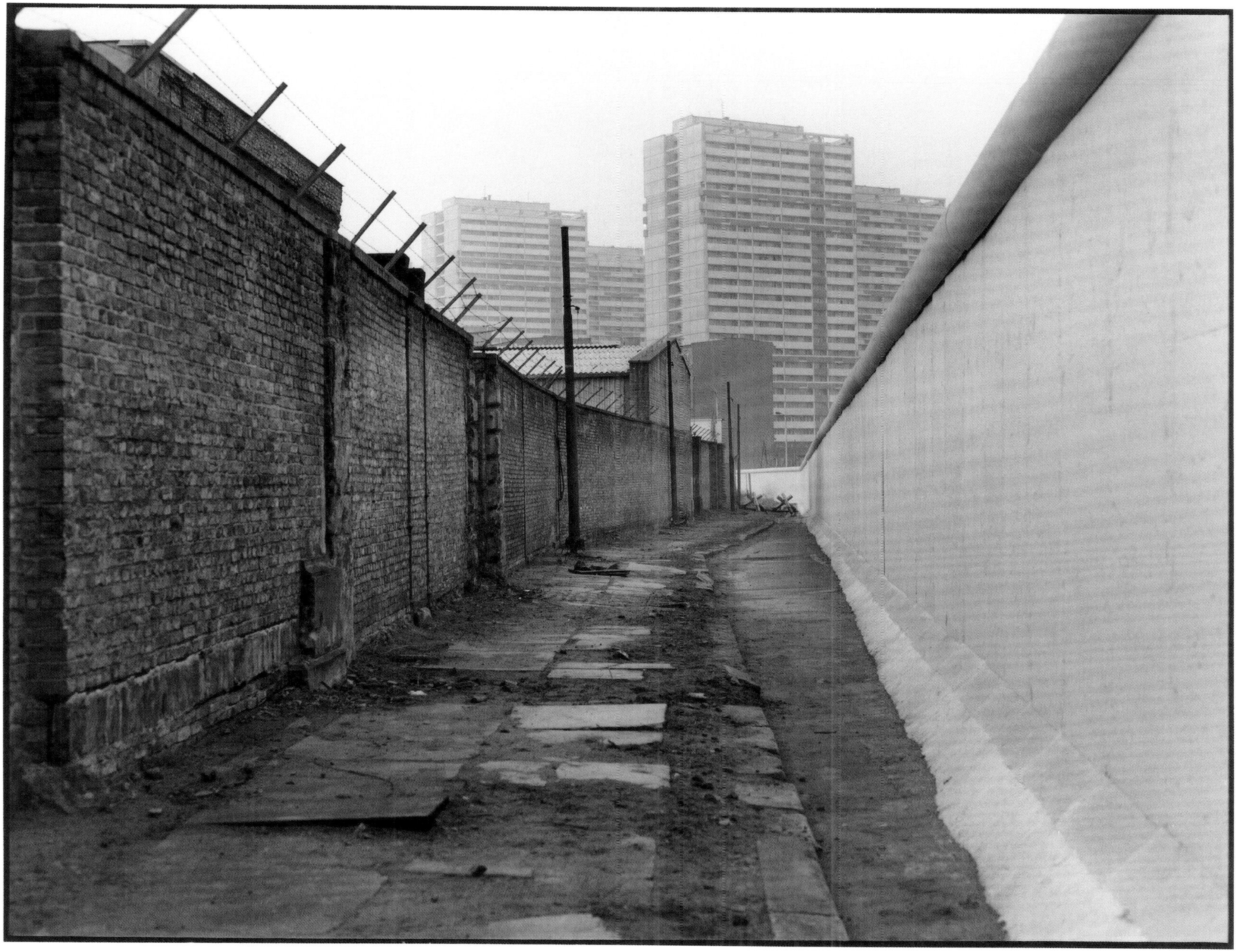

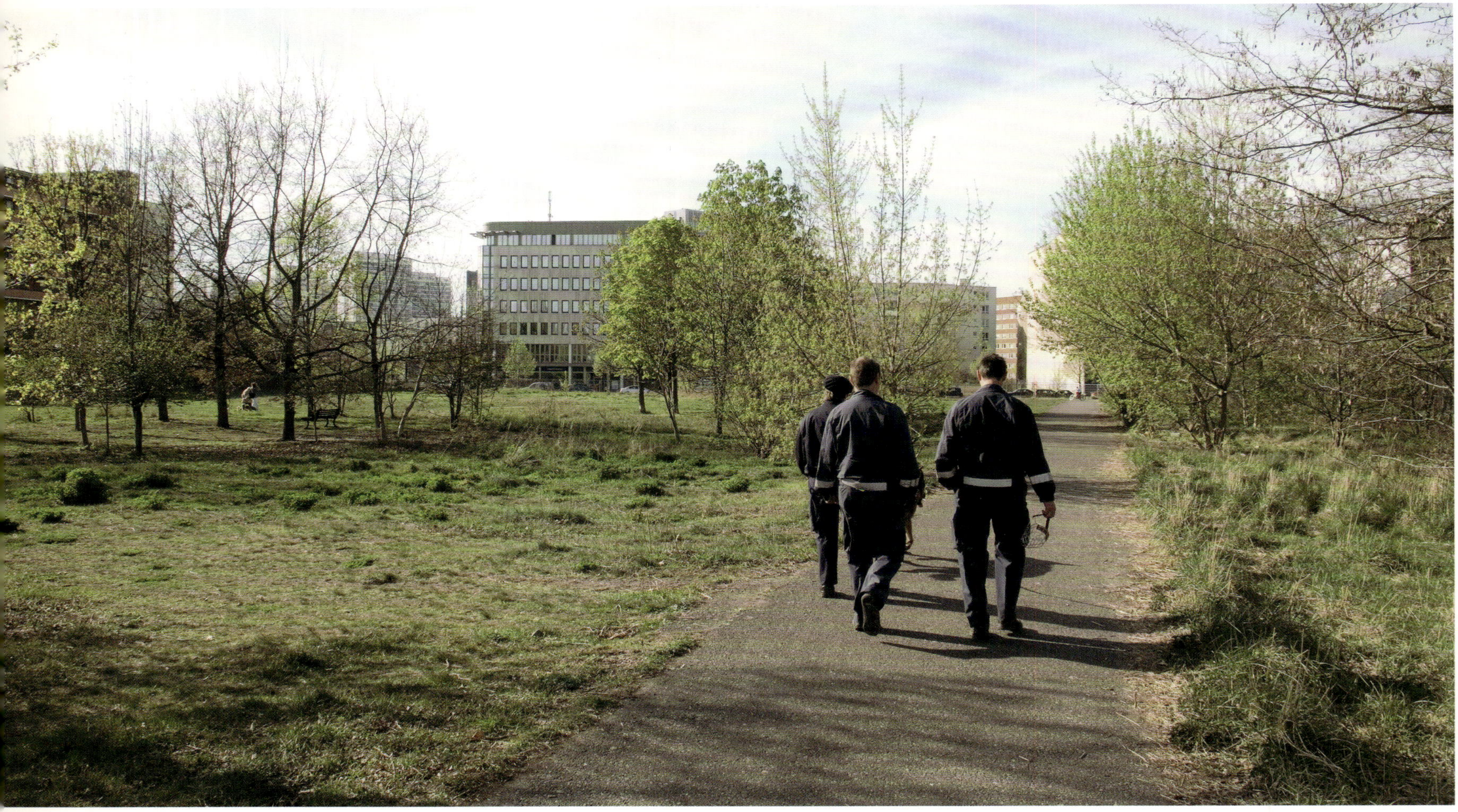

 Mitte. In der Nähe der Alten Jakobstraße, im Hintergrund die Leipziger Straße. 2007 und 1990.

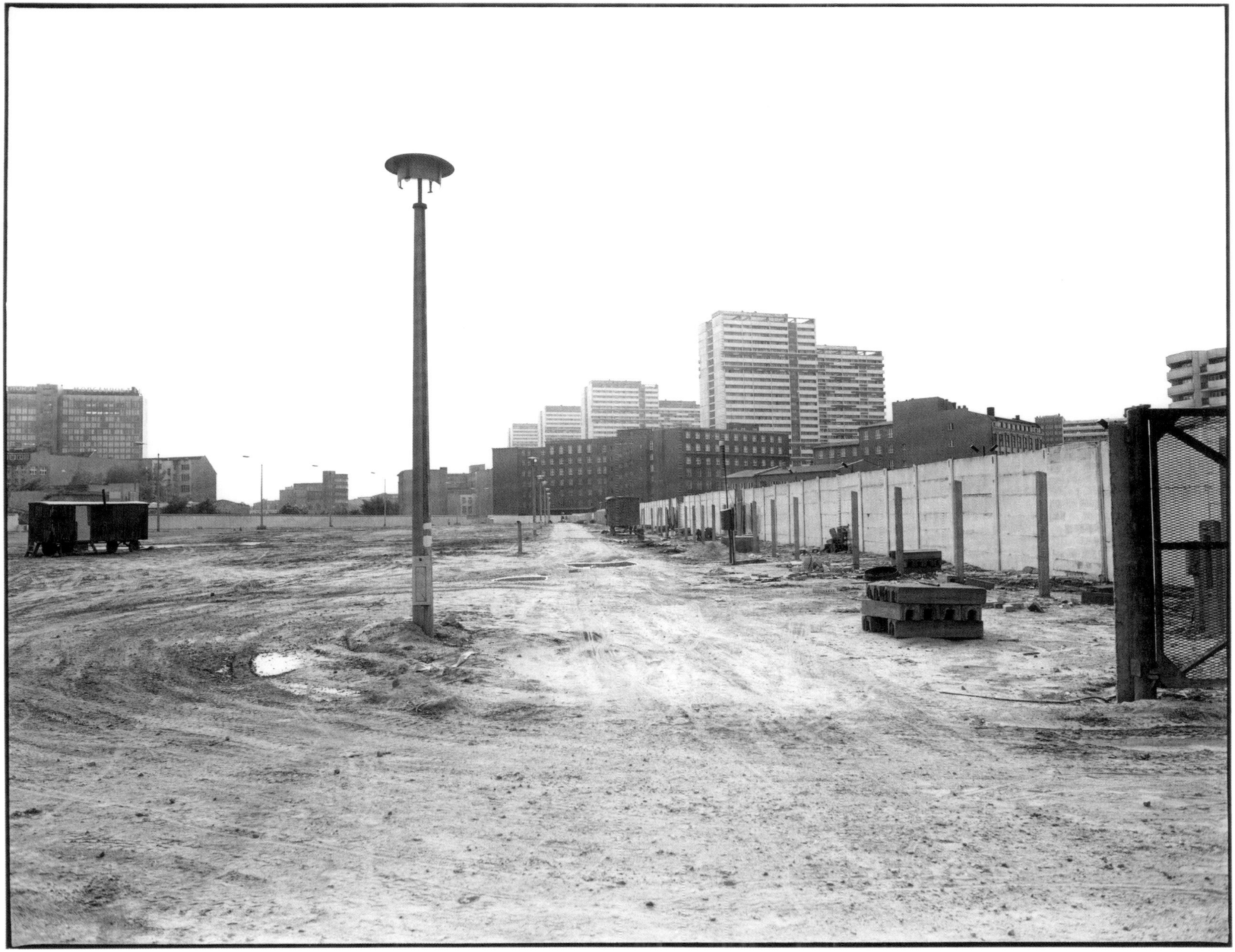

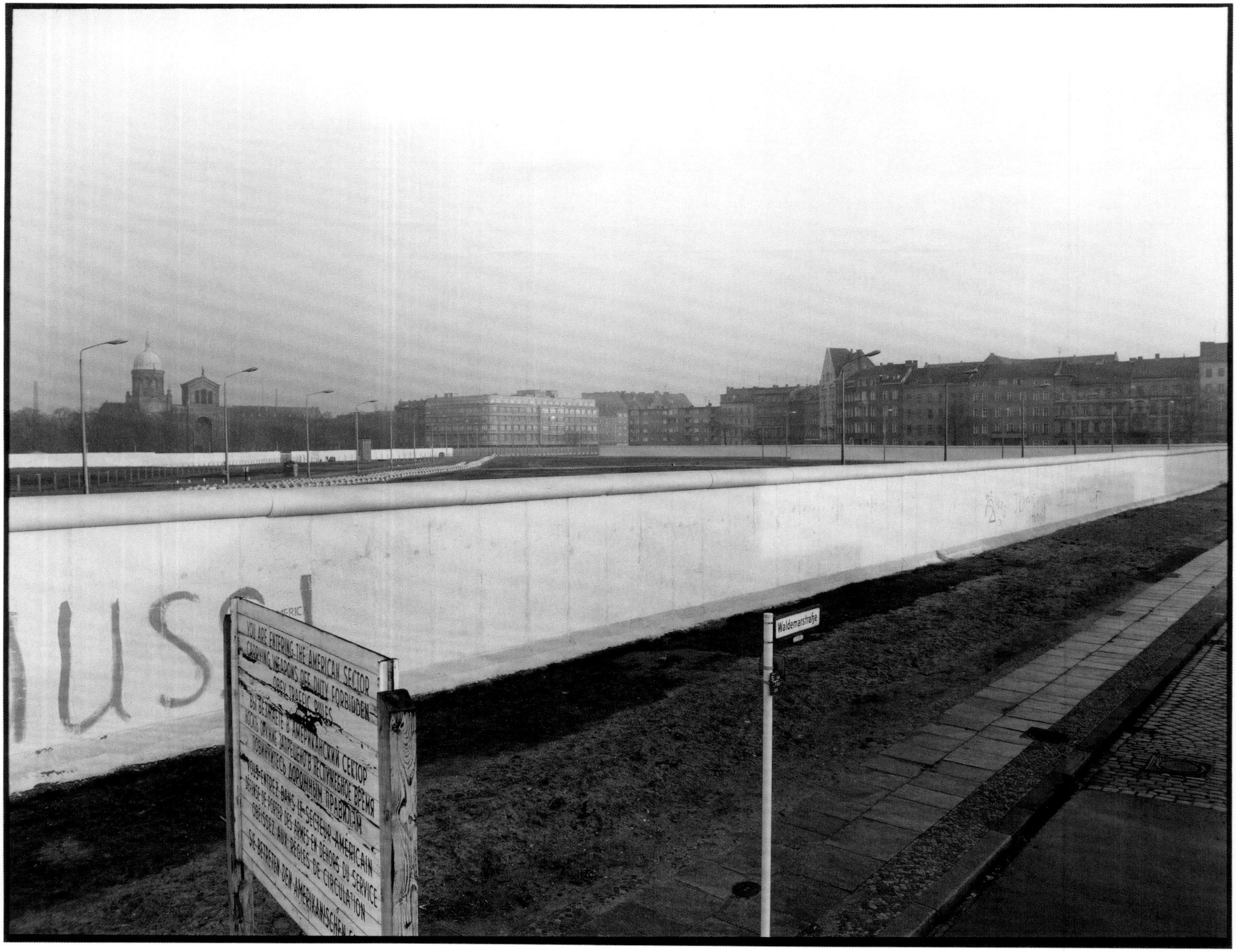

 Kreuzberg/Mitte. Waldemarstraße, im Hintergrund die Michaelkirche. 1976.

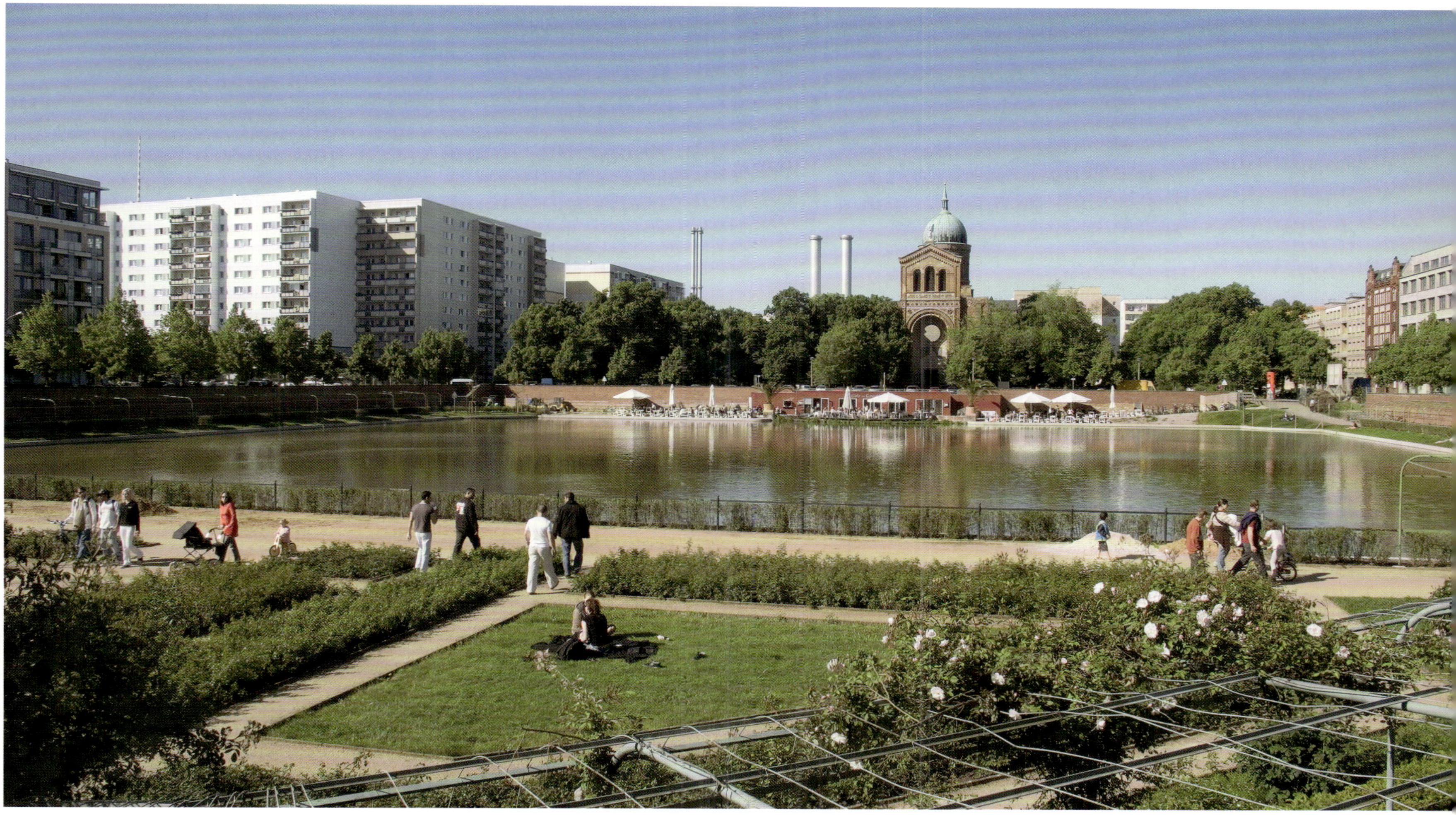

Mitte. Michaelkirche mit Engelbecken. 2007.

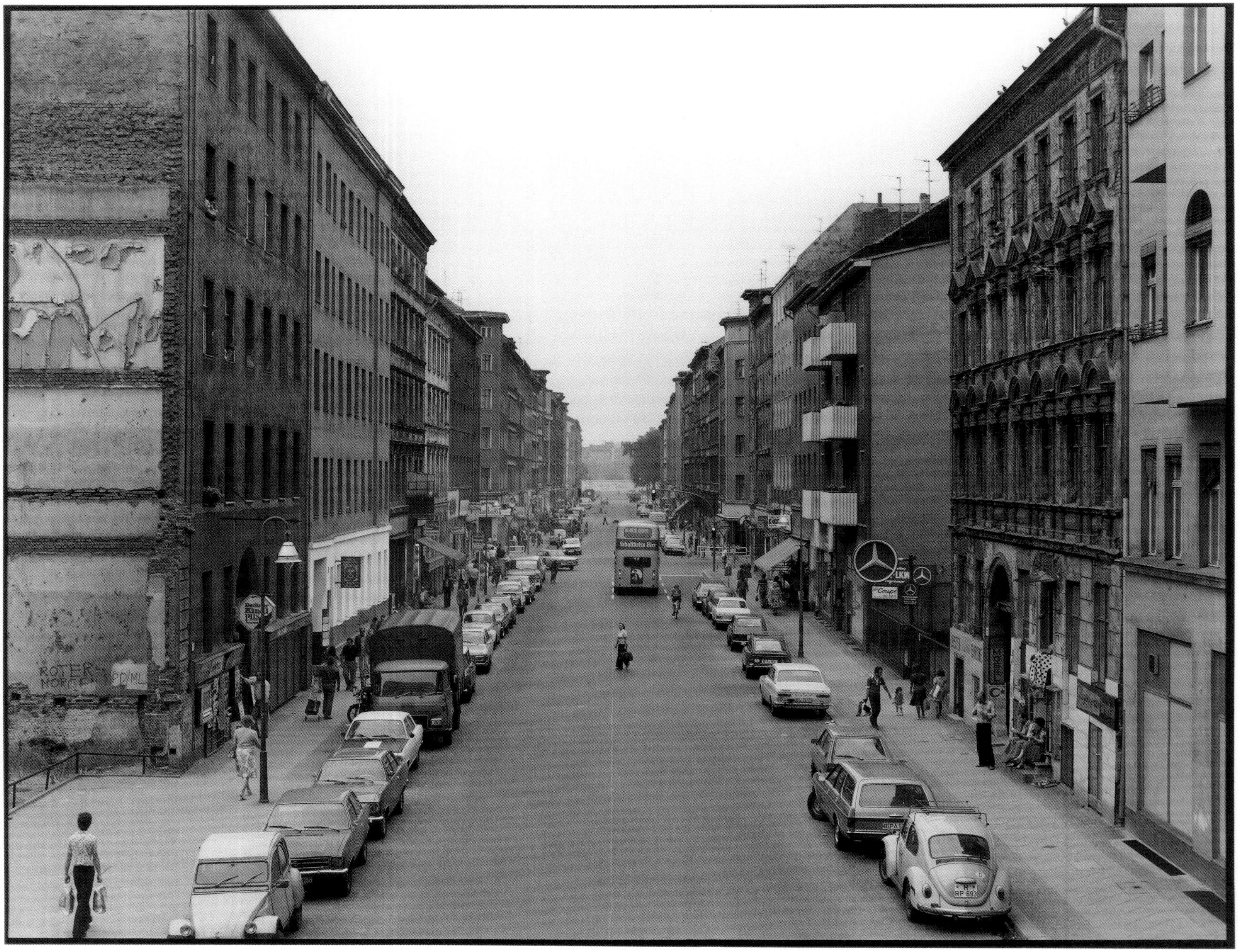

 Kreuzberg/Mitte. Adalbertstraße. 1977 und 2007.

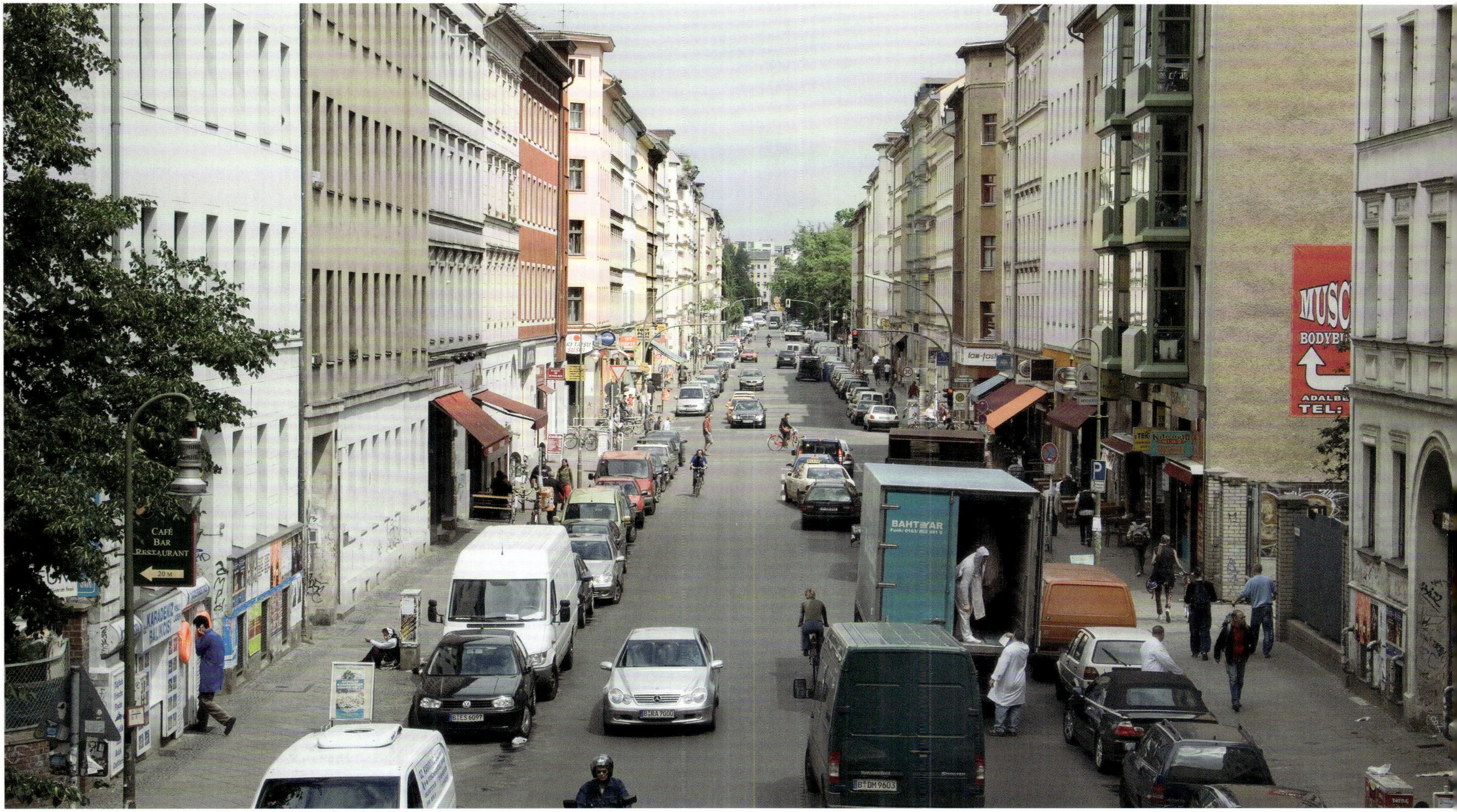
CAFÉ
BAR
RESTAURANT
20 M
TEL:

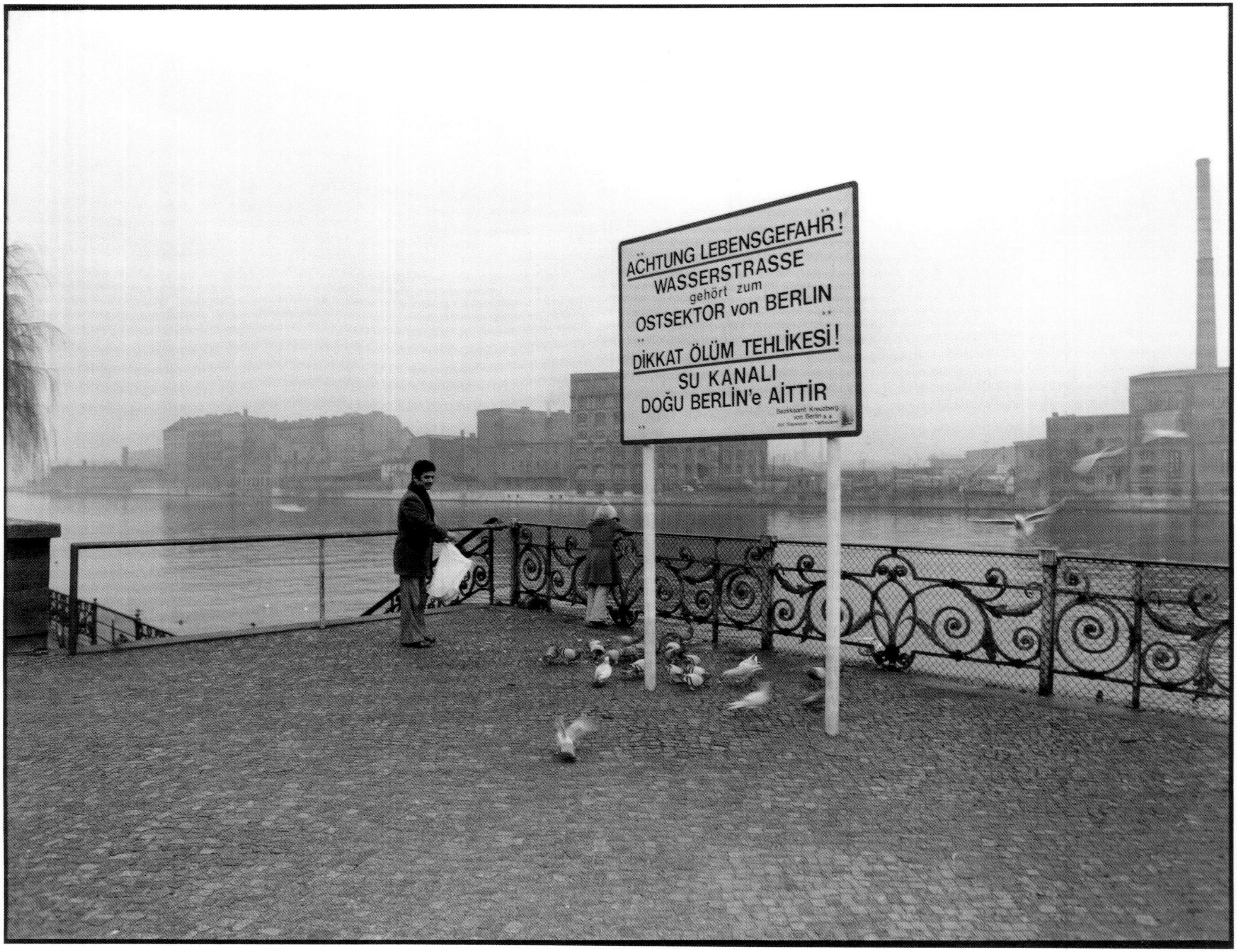

 Kreuzberg/Friedrichshain. Gröbenufer, Blick nach Nordwesten. 1976.

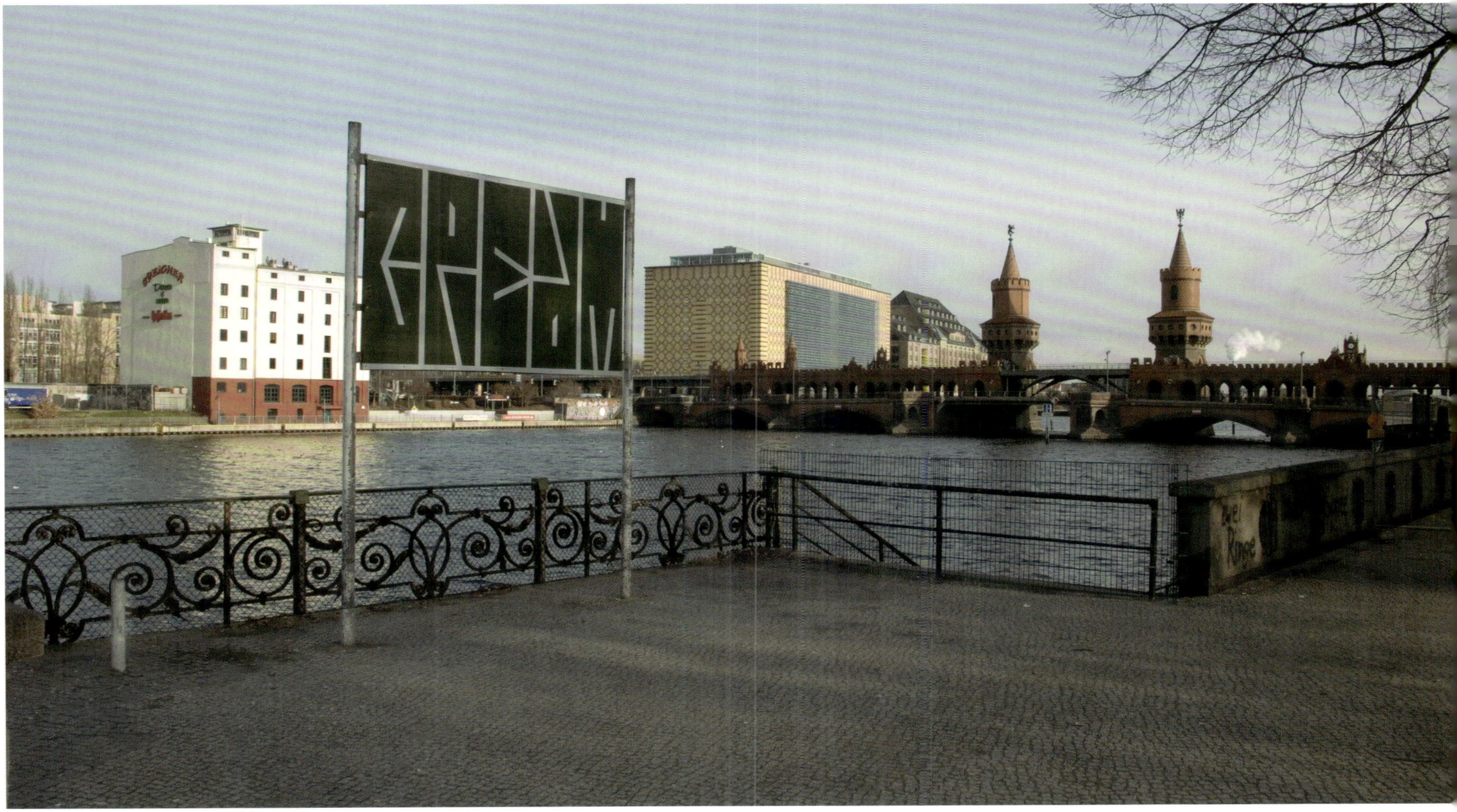

Kreuzberg/Friedrichshain. Gröbenufer, Blick nach Nordosten, rechts die Oberbaumbrücke. 2007.

Bücher aus Berlin

Sabine Kaldemorgen
Berliner Gedenkorte
128 Seiten, 64 Abbildungen, broschiert
ISBN 978-3-89702-907-1, 9,90 €

Thomas Uhlemann
Berlin-Ost. Das letzte Jahrzehnt
128 Seiten, 198 Abbildungen, gebunden
ISBN 978-3-86680-074-8, 19,90 €

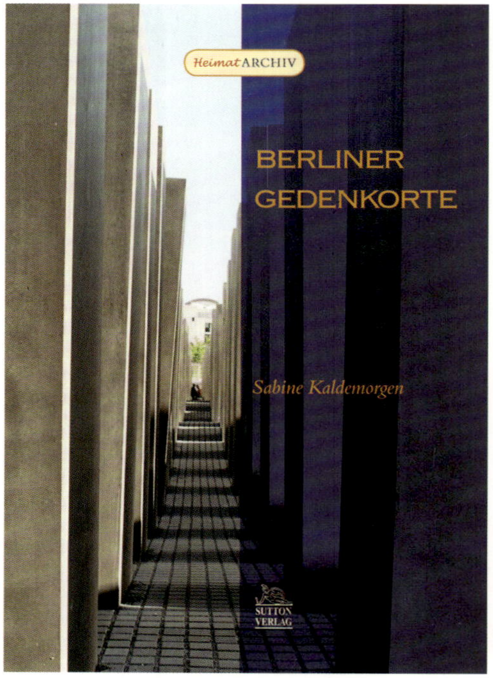

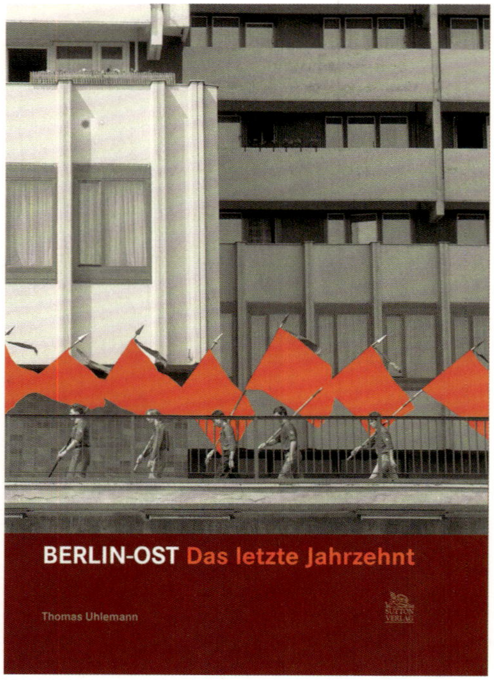

Dirk Palm (Hrsg.)
Alltag in Berlin
Fotos der Gebrüder Haeckel 1900 – 1920
128 Seiten, 160 Abbildungen, gebunden
ISBN 978-3-86680-164-6, 19,90 €

Frank-Manuel Peter
Das Berliner Hansaviertel
und die Interbau 1957
96 Seiten, 158 Abbildungen, broschiert
ISBN 978-3-86680-151-6, 17,90 €

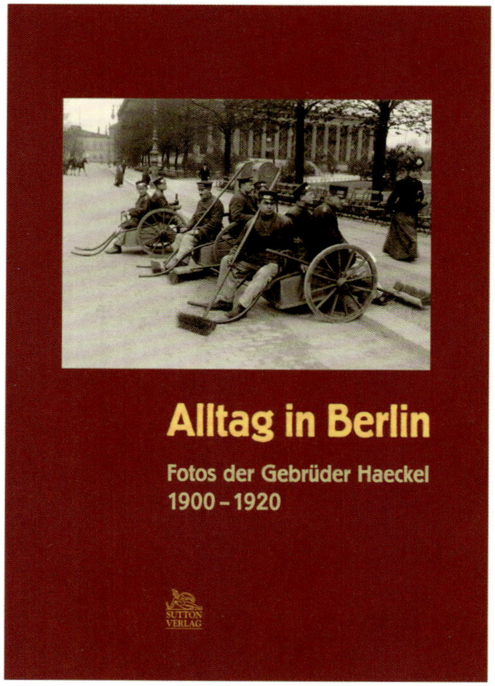

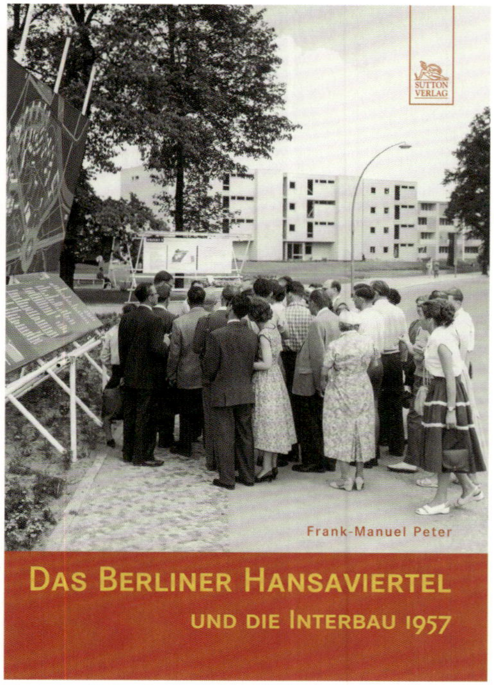